Zuhair Jibir

Apreciação do conceito jurídico da dicotomia petróleo onshore/offshore

Zuhair Jibir

Apreciação do conceito jurídico da dicotomia petróleo onshore/offshore

ScienciaScripts

Imprint

Any brand names and product names mentioned in this book are subject to trademark, brand or patent protection and are trademarks or registered trademarks of their respective holders. The use of brand names, product names, common names, trade names, product descriptions etc. even without a particular marking in this work is in no way to be construed to mean that such names may be regarded as unrestricted in respect of trademark and brand protection legislation and could thus be used by anyone.

Cover image: www.ingimage.com

This book is a translation from the original published under ISBN 978-620-2-06639-6.

Publisher:
Sciencia Scripts
is a trademark of
Dodo Books Indian Ocean Ltd. and OmniScriptum S.R.L publishing group

120 High Road, East Finchley, London, N2 9ED, United Kingdom
Str. Armeneasca 28/1, office 1, Chisinau MD-2012, Republic of Moldova, Europe
Printed at: see last page
ISBN: 978-620-7-90987-2

ÍNDICE DE CONTEÚDOS

TABELA DE ABREVIATURAS

UNCLOSS------------United Nations Convention on the Law of the Sea

TWA-------------------Territorial Waters Act

CAP----------------------Chapter

OTDA-------------------Oil Terminal Dues Act

P A------------------------Petroleum Act

EEZ----------------------Exclusive Economic Zone

CS------------------------Continental Shelf

RMAFC-------------------Revenue Mobilization Allocation and Fiscal Commission.

OMPADEC--------------Oil Mineral Producing Areas Development Commission

NASS----------------------National Assembly

CJN--------------------------Chief Justice of Nigeria

JDA---------------------------Joint Development Agreement

AGF----------------------------Attorney General of the Federation

NDDB-----------------------Niger Delta Development Commission

PTF----------------------------Petroleum Trust Fund

QUADRO DE CASOS

Procurador-Geral da Federação contra Procurador-Geral do Estado de Abia e 36 outros.

(2002) NWLR   3

TABELA DE ESTATUTOS

1   Secção 1(5) Lei das Águas Territoriais (Alteração) de 1998 (Cap 428)

2   Secção 7 Lei relativa aos terminais petrolíferos (Cap 33a)

3   Secção 1(1) da Lei do Petróleo de 1969

4   Secção 2, Lei da Zona Económica Exclusiva (Cap. 16)

5   Secção 18 (1) Lei da Interpretação

6   Secção 318 (2) da Constituição de 1999

7   Artigo 76° da Convenção das Nações Unidas sobre o Direito do Mar de 1982

8   Artigo 77° da Convenção das Nações Unidas sobre o Direito do Mar de 1982

9 Artigo 1° da Convenção das Nações Unidas sobre o Direito do Mar de 1982

10Artigo   55° da   Convenção das Nações Unidas sobre o Direito do Mar de 1982

11Artigo   57.° da   Convenção das Nações Unidas sobre o Direito do Mar de 1982

12Decreto n.   ° 15 de 1967

13Decreto n.   ° 13 1970

14Decreto n.   ° 9   1971

15Decreto n.   ° 6   1975

16Decreto n.   ° 7   de 1975

   17Secção134 (6) Constituição 1960

   18Secção140 (6) Constituição   Republicana1963

   19Secção164 Constituição   Republicana1963

   20Secção162 Constituição 1999

   21Secção130 (6) Constituição 1960

22 Secção 5(11) Lei sobre o fundo comum distribuível Decreto n.° 13 1970

23 Secção 5(3) Constituição (Disposições Financeiras) Decreto n.° 6 1975

24 Decreto de 1971 sobre as receitas petrolíferas offshore

25 Secção 7, Decreto n.° 6 1975

26 Decreto 106 de 1992

27 Decreto nº 23 de 1992 Afetação das receitas

28.   Secção 4(a) (2) do Decreto n.º 106 de 1992 (Cap 16), com as alterações que lhe foram introduzidas

29.   Secção 162 (1) Constituição da Nigéria de 1999

30.   Lei de Utilização dos Solos (Cap1.5) Vol8 A Federação da Nigéria (LFN) 2004

31.   Lei dos Minerais e das Minas (CapM 12) Vol 9 Leis da Federação da Nigéria (LFN) 2004

32.   Lei do Petróleo (Cap P10) Vol13 Leis da Federação da Nigéria (LFN) 2004 Secção 1(1)

33.   Lei de 2002 relativa à repartição das receitas (supressão da dicotomia na aplicação dos princípios de derivação)

34.   Secção 40(3) da Constituição da Nigéria de 1999

35.   Secção 2 Lei do Petróleo Mineral de 1945 Leis da Federação da Nigéria (LFRN) de 1914

36.   Secção 44(3) da Constituição de 1999

37.   Lei das receitas petrolíferas offshore (registo e subvenções) (Cap 11) Vol 13 Leis da Federação da Nigéria (LFN) 2004

38.   Lei sobre a posse da terra de 1962

39.   Decreto sobre os direitos dos indígenas de 1916

40.   Secção 9(2) da Constituição da Nigéria de 1999

41.   Secção 315 (5) (d) Lei do Uso do Solo Vol 8 Leis da Federação da Nigéria (LFN) 2004

42.   Secção 14 da Lei sobre a utilização dos solos (alteração) de 2009

43.   Secção 162 (3)(4) (5) Constituição 1999

44.   Artigo 74.º, n.º 3, do Acordo de Desenvolvimento Conjunto (ADC) entre a Nigéria e a República de São Tomé e Príncipe

45.   Artigo 3(2) (3) (4) (5) Acordo de Desenvolvimento Conjunto (ADC) Artigo 4(1) (2) Acordo de Desenvolvimento Conjunto (ADC)

PROFILE OF OFFSHORE ZONES

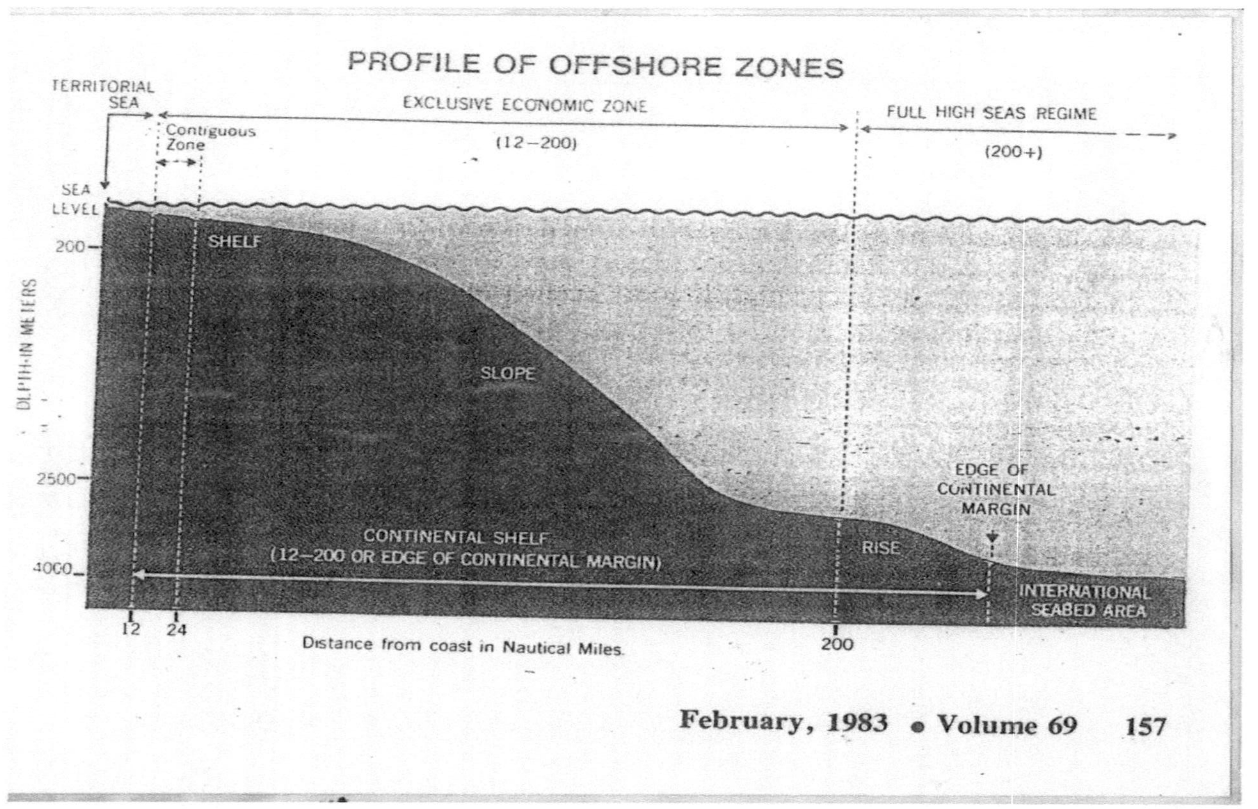

BASELINES

Example 3

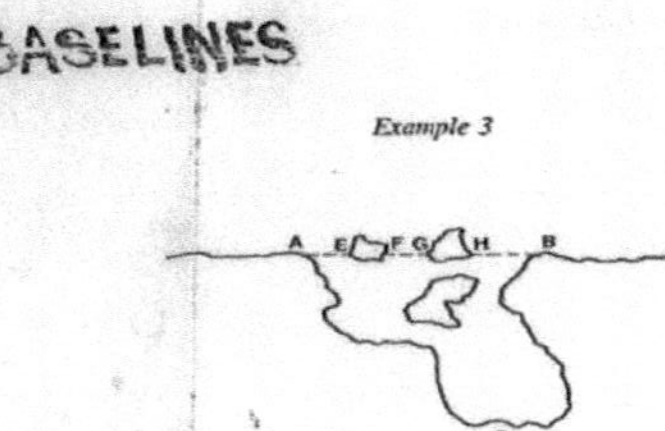

Stage 1: The diameter in this case is AE + FG + HB or, in other words, AB minus those parts of it which lie across the two islands at the mouth of the bay. Draw a semi-circle on this diameter and compare its area with that of ACB, treating the islands as if they were water.

Stage 2: Assuming that, under Stage 1, ACB is a legal bay, it is then necessary to establish whether the distance between the low-water marks of the natural entrance points of the bay exceeds 24 nm. Despite the fact that, because of the presence of islands, this indentation has more than one mouth, it would appear that it is AB rather than the sum of AE, FG and HB which is to be measured for this purpose. Thus, if AB is 26 nm but AE + FG + HB = 23 nm, it would still be necessary to draw a straight baseline of 24 nm landward of AB.

The rule in Article 10, which, as an exception to the normal rule, allows the coastal State to adopt a straight baseline across the mouth of a bay, reflects the conviction aptly expressed by the Tribunal in the *North Atlantic Coast Fisheries* case (1910) that:

> ... admittedly the geographical character of a bay contains conditions which concern the interests of the territorial sovereign to a more intimate and important extent than do those connected with the open coast. Thus conditions of national and territorial integrity, of defence, of commerce and of industry are all vitally concerned with the control of the bays penetrating the national coast line.[30]

The Tribunal added that, 'This interest varies, speaking generally, in proportion to the penetration inland of the bay ...'.[31] In other words, the Tribunal was acknowledging that a departure from the normal baseline was justified when, to adapt the language of Article 7(3) of the UN Convention, 'the sea areas lying within the [bay closing line were] ... sufficiently closely linked to the land domain to be subject to the regime of internal waters.' The way in which Article 10(3) deals with islands can be explained by this same thinking. Islands at the mouth of, or within, the bay have the effect of making the enclosed waters even more 'closely linked with the land domain'. In recognition of this fact, Article 10(3) allows that part of the bay-closing line which crosses the islands at the mouth of the bay to be ignored and islands within the bay to be treated as if they were part of the water area. Since the area of the semi-circle

Low-tide elevations or drying rocks

The existence of low-tide elevations or 'drying rocks' in the offshore area can affect the determination of a coastal State's baselines in a number of ways.

'Ordinary' coastlines

The text of Article 13 of the UN Convention is identical to that of Article 11 of the Geneva Convention and provides that:

> 1. A low-tide elevation is a naturally formed area of land which is surrounded by and above water at low tide but submerged at high tide. Where a low-tide elevation is situated wholly or partly at a distance not exceeding the breadth of the territorial sea from the mainland or an island, the low-water line on that elevation may be used as the baseline for measuring the breadth of the territorial sea.
>
> 2. Where a low-tide elevation is wholly situated at a distance exceeding the breadth of the territorial sea from the mainland or an island, it has no territorial sea of its own.

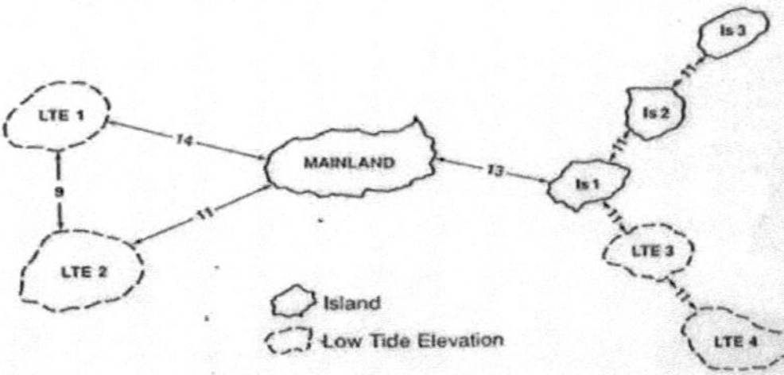

Figure 5.1 Low-tide elevations and baselines

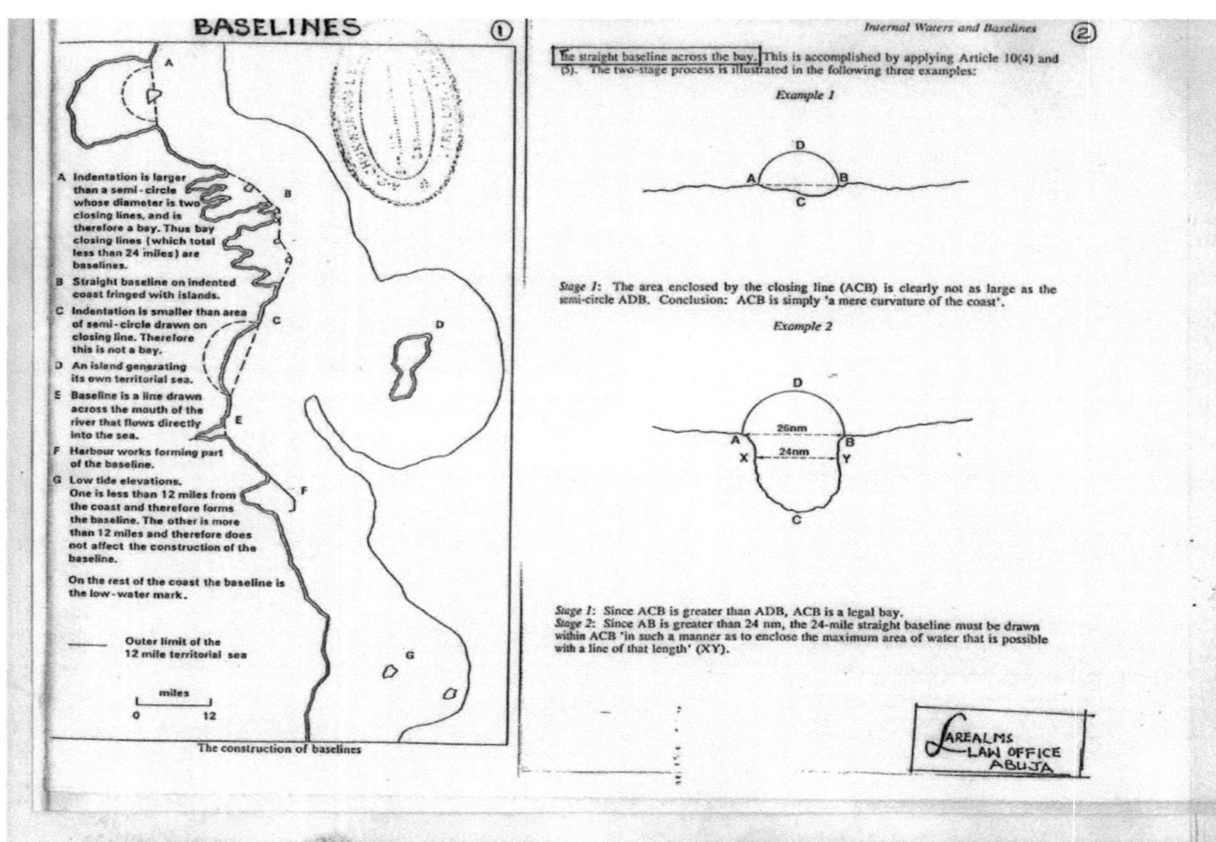

The straight baseline across the bay. This is accomplished by applying Article 10(4) and (5). The two-stage process is illustrated in the following three examples:

Example 1

Stage 1: The area enclosed by the closing line (ACB) is clearly not as large as the semi-circle ADB. Conclusion: ACB is simply 'a mere curvature of the coast'.

Example 2

Stage 1: Since ACB is greater than ADB, ACB is a legal bay.
Stage 2: Since AB is greater than 24 nm, the 24-mile straight baseline must be drawn within ACB 'in such a manner as to enclose the maximum area of water that is possible with a line of that length' (XY).

RESUMO

A dicotomia petróleo onshore/offshore remonta à Nigéria pré-independência, quando a estrutura política tinha uma composição regional. Este documento examina a filosofia subjacente à dicotomia onshore/offshore, que significa a separação entre o petróleo e o gás produzidos em terra e o petróleo e o gás produzidos nas zonas costeiras. A dicotomia estava exclusivamente ligada à partilha de receitas entre as regiões, atualmente Estados. A dicotomia criou mais problemas do que soluções para a obtenção e partilha de receitas. Ao avaliar a dicotomia petróleo onshore/offshore, descobriu-se que os problemas jurídicos, políticos, sociais e económicos que se pretendia resolver continuam a existir. O Supremo Tribunal proferiu um acórdão final que resolve os problemas jurídicos decorrentes da dicotomia, mas esse acórdão não resolve os problemas políticos, sociais e económicos. O vácuo continua a existir e é aqui salientado.

CAPÍTULO 1

1.0 INTRODUÇÃO

O documento divide-se em três partes,

A primeira parte examina o conceito, a história, o âmbito e a filosofia subjacentes à dicotomia petróleo onshore/offshore.

A segunda parte explica o quadro jurídico da dicotomia petróleo onshore/offshore

A terceira parte avalia o impacto jurídico, económico, político e social da dicotomia petróleo onshore/offshore no perfil de receitas do país.

A quarta parte destacou os desafios inerentes à aplicação da dicotomia na partilha de receitas.

PRIMEIRA PARTE

1.1   SIGNIFICADO DE COSTA:

É o terreno que se situa entre a linha normal de preia-mar e a linha de baixa-mar. Ambos prima-facie e de direito comum, pertencem ao rei tanto na costa do mar como na costa dos braços do mar. [10]

A orla marítima ou a orla costeira é a linha de fronteira entre a orla marítima e o terreno adjacente, na ausência de uso ou prova em contrário, a linha da preia-mar mediana entre a nascente e a preia-mar normal.[11]

ONSHORE: Em terra e não no mar.[12]

OFFSHORE: Acontecimento ou existência no mar não muito longe da terra.

1.2   CONCEITO DE OFFSHORE

A zona relativamente plana e de forma irregular que se estende para fora da zona de rebentação até ao limite da plataforma continental. A profundidade da água nesta área é normalmente de pelo menos 10 metros (33 pés) e o mar está continuamente submerso.[13]

DEFINIÇÃO: OFFSHORE

Longe ou à distância da costa, citado ou conduzido no mar por oposição à terra.[*14]

Offshore também pode significar no mar, como uma plataforma petrolífera offshore ou fora do país.

---

1 Hales; De Jure Maris Hargraves Tractts PP12, 25 e 26
*2 The Learned Author of Halbury's Laws of England **4th** Edition Vol 49(2) Paragraph, 921 Ver também Per Ogundare JSC (p275) Paragraph A-C*
12 Advance Learners Dictionary, **6ª** edição, Oxford University Press 2000 P811
4 American Heritage Science Dictionary Copyright Houghton Miffin Publishers Company 2005
5 Collins English Dictionary, Harper Collins Publishers, 2003

É o oposto de Onshore.

PERFURAÇÃO OFFSHORE

A perfuração ao largo da costa apresenta desafios ambientais, tanto no que respeita ao hidrocarboneto produzido como ao material utilizado durante a operação de perfuração.

1.3 ANTECEDENTES HISTÓRICOS DA EXTRACÇÃO DE PETRÓLEO NO MAR

A perfuração offshore refere-se a um processo mecânico em que um poço é perfurado no fundo do mar. É normalmente efectuado com o objetivo de explorar e subsequentemente produzir hidrocarbonetos que se encontram em formações rochosas sob o leito marinho. Mais comummente, o termo é utilizado para descrever actividades de perfuração na plataforma continental, embora o termo também possa ser aplicado à perfuração em lagos, águas costeiras e mares interiores.[15]

---

6 *A History of the Offshore Oil and Gas Development in Lousiana, Mineral Management Services, Department of Interior, Estados Unidos da América, 2009*

CAPÍTULO 2

2.1 O ÂMBITO DAS ZONAS COSTEIRAS OFFSHORE DA NIGÉRIA ABRANGIDAS PELA LEI DO PETRÓLEO

O âmbito das zonas offshore da Nigéria foi determinado já em 1958, quando a Convenção das Nações Unidas sobre o Direito do Mar (UNCLOSS) foi assinada em Genebra.[16]

No entanto, embora muitas nações marítimas adoptem o limite das três milhas, outras alargaram a sua reivindicação a áreas entre as doze e as duzentas milhas náuticas como suas águas territoriais. As águas territoriais da Nigéria antes de 1967 cobriam uma área de três milhas náuticas[17] mas, em 1967, foram alargadas para "num raio de doze milhas náuticas ao largo da costa da Nigéria *(medidas a partir da linha de baixa-mar) ou dos limites marítimos das águas interiores*". A reivindicação da Nigéria ao abrigo da Lei de 1967 foi ainda alargada por uma alteração em 1971, para trinta milhas náuticas. A secção 1(5) da Lei das Águas Territoriais (cap. 428) foi reduzida para doze milhas náuticas pela secção 1(5) da Lei das Águas Territoriais (cap. 337), secção 7 da Lei dos Direitos dos Terminais Petrolíferos (cap. 339), secção 1(1) da Lei do Petróleo, secção 2 da Lei da Zona Económica Exclusiva (cap. 16), secção 18(1) da Lei da Interpretação. Outras leis que têm ligação (direta ou indireta) com o exercício do controlo soberano da Nigéria sobre as áreas reivindicadas como suas águas territoriais, no que diz respeito à propriedade e controlo dos recursos petrolíferos aí localizados.

Os direitos de propriedade, controlo e gestão do Governo Federal sobre o petróleo localizado nas zonas off-shore da Nigéria (em oposição às reivindicações de propriedade dos oito estados litorais de Akwa Ibom, Bayelsa, Cross River, Delta, Edo, Lagos, Ondo e Rivers) foram afirmados entre outras questões abordadas no acórdão do Supremo Tribunal. Seja como for, o âmbito das zonas offshore da Nigéria são;

2.2 ÁGUAS TERRITORIAIS

As águas territoriais da Nigéria incluem, para todos os efeitos, todas as partes do mar alto situadas num raio de 12 milhas náuticas da costa da Nigéria (medidas a partir da linha de baixa-mar) ou dos limites marítimos das águas interiores.[18]

Por águas territoriais entende-se qualquer parte do mar alto situada num raio de doze milhas náuticas da costa da Nigéria (medidas a partir da linha de baixa-mar ou do limite das águas interiores em direção ao mar).[19]

---

7 A Convenção sobre o Direito do Mar foi assinada em 29 de abril de 1958
8 Lei de 1998 sobre as águas territoriais (alteração) (cap. 428)
9 Secção 1 (1) Lei das águas territoriais de 1967
10 [Cap 192] que se aplica à Constituição de 1999 em virtude da Secção 318(2)

Cada Estado tem o direito de estabelecer a respiração do seu mar territorial até um limite não superior a 12 milhas marítimas medidas a partir de linhas de base determinadas em conformidade com a presente convenção.[20]

2.3 PLATAFORMA CONTINENTAL

A plataforma continental de um Estado costeiro compreende o leito marinho e o subsolo das zonas submarinas que se estendem para além do seu mar territorial ao longo da extensão natural do seu território terrestre até ao bordo exterior da margem continental ou até uma distância de 200 milhas naturais das linhas de base a partir das quais se mede a respiração do mar territorial, quando o bordo exterior da margem continental não se estende até essa distância.[21]

2.4 DIREITOS SOBERANOS DOS ESTADOS COSTEIROS SOBRE A SUA PLATAFORMA CONTINENTAL.

Os Estados costeiros referem-se aqui a nações individuais que são signatárias da UNCLOSS, 1982, em vez de unidades individuais de uma nação]. Os direitos soberanos dos Estados costeiros podem ser vistos à luz do artigo 77. Direitos dos Estados costeiros sobre a sua plataforma continental;

1. Os Estados costeiros exercem sobre a plataforma continental um direito soberano para efeitos de exploração e aproveitamento dos seus recursos naturais.

2. Os direitos referidos no parágrafo são exclusivos, no sentido de que, no caso de o Estado costeiro explorar os seus recursos naturais, ninguém pode empreender essas actividades sem o consentimento expresso desse Estado costeiro.

3. O direito do Estado costeiro sobre a plataforma continental não depende da ocupação, efectiva ou natural, nem de qualquer proclamação expressa.

4. Os recursos naturais referidos na presente parte são constituídos pelos recursos minerais e outros recursos não vivos do fundo do mar e do subsolo, bem como pelos organismos vivos pertencentes a espécies sedimentares, tais como os organismos que, na fase de colheita, se encontram imóveis no fundo do mar ou no subsolo, ou são incapazes de se deslocar, exceto em contacto físico constante com o fundo do mar ou o subsolo.

2.5 O ESTATUTO JURÍDICO DAS ÁGUAS SOBREJACENTES E DE TODO O ESPAÇO, BEM COMO OS DIREITOS E A LIBERDADE DOS OUTROS ESTADOS

1. Os direitos de um Estado costeiro sobre a plataforma continental não devem afetar o estatuto

---

20 Artigo 3º, UNCLOSS, 1982: Direito Internacional, **8ª** edição, Vol. 1, página 488
12 Ato 76 Convenção das Nações Unidas 67 Direito do Mar (1982)

jurídico das águas sobrejacentes ou dos espaços aéreos acima dessas costas.

2.   O exercício dos direitos do Estado costeiro sobre a plataforma continental não deve resultar em qualquer interferência injustificável com a navegação e outros direitos e liberdades de outros Estados costeiros, tal como previsto na presente convenção.

O resumo dos artigos acima referidos é que, embora o Estado costeiro exerça direitos limitados sobre a sua plataforma continental, isso não faz com que a plataforma continental faça parte do seu território terrestre sobre o qual tem um controlo absoluto e exclusivo. Os seus direitos soberanos são limitados.

a)   O mar e o subsolo das zonas submarinas adjacentes à costa, mas fora das zonas do mar territorial, até uma profundidade de 200 metros ou para além desse limite, até onde a profundidade das águas sobrejacentes permita a exploração dos recursos naturais do referido mar.

b)   O fundo do mar e o subsolo de zonas submarinas semelhantes adjacentes à costa.[22]

2.6 CONCEITO DE ZONA ECONÓMICA EXCLUSIVA.

A zona é descrita como a área do mar, que se estende até 370,65 km, em relação à qual um Estado costeiro pode exercer direitos soberanos, com o objetivo de explorar e explorar, conservar e gerir os recursos naturais, quer se encontrem no fundo do mar, no subsolo e nas águas sobrejacentes dessa área.[23]

É definida como uma zona para além e adjacente ao mar territorial, sujeita ao regime jurídico específico estabelecido nesta parte, no âmbito do qual os direitos e a jurisdição do Estado costeiro e os direitos e a liberdade dos outros Estados são definidos pelas disposições pertinentes da convenção.[24]

A zona não se estenderá para além das 200 milhas marítimas a partir da linha de base a partir da qual é medido o fôlego do mar territorial.[25]

A partir da disposição acima, torna-se claro que a Nigéria pode exercer certos direitos soberanos em relação à conservação ou exploração dos minerais e espécies vivas do fundo do mar, do subsolo e das águas sobrejacentes. Tem também o direito de regular o estabelecimento de estruturas e instalações artificiais e a investigação científica marinha.

22 *Artigo 1.º UNCLOSS 1982*
23 *G,Erintseke; Nigerian Petroleum Law, segunda edição, Lagos, Nigéria*
24 *Artigo 55º da UNCLOSS 1982*
25 *Lei Nigeriana do Petróleo p16 Op cit*
Artigo 57º da UNCLOSS 1982

CAPÍTULO 3

3.1 ESTATUTO JURÍDICO DO ALTO MAR

No direito consuetudinário, o alto mar inclui todo o mar abaixo da linha de baixa-mar onde os grandes navios podem ir, exceto as partes do mar que se encontram dentro da fronteira de um país. Inclui igualmente todas as partes do mar não incluídas no mar territorial e nas águas interiores de um Estado costeiro.

A Nigéria é membro da comunidade internacional e signatária das suas convenções e tratados. Os Estados litorais, não sendo Estados soberanos, na definição do direito internacional, quer individual quer coletivamente, não podem, de forma alguma, reivindicar a soberania sobre as fronteiras offshore da nação e, por extensão, não podem celebrar qualquer acordo bilateral ou mesmo multilateral por conta própria. Isto porque a condução de quaisquer assuntos externos nas zonas offshore continua a ser da exclusiva competência legislativa e, por conseguinte, prerrogativa do governo federal. Com exclusão de qualquer unidade política ou componente da federação.

3.2 LIMITAÇÃO DA SOBERANIA DOS ESTADOS COSTEIROS A QUALQUER PARTE DO ALTO MAR.

Isto sugere que, estando o alto mar aberto a todas as nações, nenhum Estado pode validamente pretender submeter qualquer parte dele à sua soberania. A liberdade do alto mar é, por conseguinte, exercida nas condições previstas nos artigos, incluindo tanto os Estados costeiros como os não costeiros.

a)   Liberdade de navegação

b)   Liberdade de pesca

c)   Liberdade de instalação de cabos e condutas submarinas

d)   Liberdade para voar sobre o alto mar

No entanto, os Estados costeiros têm um controlo limitado relativamente a uma zona de alto mar contígua ao mar territorial.

Os efeitos combinados dos direitos da Nigéria sobre as águas territoriais, a plataforma continental e a zona económica exclusiva tornam toda a área ou zona parte da federação da Nigéria para efeitos de prospeção, exploração, perfuração e produção dos seus recursos marinhos offshore.

3.3 EFEITO JURISDICIONAL DAS ÁGUAS TERRITORIAIS, DA PLATAFORMA CONTINENTAL E DA ZONA ECONÓMICA EXCLUSIVA .

Os únicos direitos soberanos exercidos pela Nigéria sobre as águas sobrejacentes da área da plataforma continental per se são os relacionados com os direitos de exploração e prospeção das áreas submarinas da plataforma, tal como permitido pela Convenção de 1958 sobre a plataforma continental. No entanto, o efeito prático combinado dos direitos da Nigéria sobre as águas territoriais, a sua plataforma continental e a Zona Económica Exclusiva, em termos gerais, faz com que toda a área abrangida por estas três zonas faça parte da federação da Nigéria para efeitos da Lei do Petróleo, das disposições dos Regulamentos sobre Petróleo (Perfuração e Produção) e dos Regulamentos sobre Óleos Minerais (segurança).[26]

3.4 A FILOSOFIA SUBJACENTE À DICOTOMIA PETRÓLEO ONSHORE/OFFSHORE TEM DUAS VERTENTES.

a) Fundo de derivação, ou seja, de onde o petróleo é derivado, se onshore ou offshore, áreas abrangidas pelo onshore ou offshore [regiões ou estados]. Isto inclui a fórmula de partilha, geralmente em percentagens

b) As receitas do petróleo e do gás provenientes das zonas costeiras offshore devem ser incluídas no processo de partilha, não obstante o facto de os regimes costeiros das águas territoriais, da plataforma continental e da Zona Económica Exclusiva não fazerem parte da massa terrestre de qualquer região ou Estado, pelo menos até ao acórdão do Supremo Tribunal que considerou os regimes costeiros como fazendo parte da massa terrestre desses Estados costeiros, por mais ridículo que seja. A implicação jurídica do acórdão foi atenuada quando se acrescentou a qualificação de que se destinava apenas ao fundo de derivação. Os Estados que usufruem das receitas do petróleo e do gás provenientes de zonas terrestres vêem o seu perfil de receitas alargado para abranger as receitas provenientes do petróleo e do gás offshore.

c) Equidade. Esta é outra filosofia subjacente à dicotomia petróleo onshore/offshore. No entanto, isto torna-se uma faca de dois gumes. Para os Estados sem litoral, que não estão nem perto das zonas costeiras, parece que os Estados costeiros não têm nada a ver nem têm direito às receitas do petróleo encontrado a trezentas e cinquenta milhas de distância no mar. Esta situação é considerada injusta. Mais ainda quando, já em 1967, o governo criou a Comissão Sir Phillis para apresentar uma fórmula de distribuição equitativa da partilha de receitas. A Comissão aconselhou o governo federal a estabelecer uma distinção entre as receitas onshore e offshore. Os royalties e as rendas provenientes do offshore já não diziam respeito aos Estados costeiros produtores de petróleo. Na sequência deste conselho, o governo promulgou um decreto que abolia as disposições do artigo 140 [6] da Constituição de 1960, que reconhecia o direito das regiões às receitas provenientes da plataforma continental. *Esta medida foi tomada para garantir uma distribuição*

---

26 *Etikerentse G. Nigerian Petroleum Law; Segunda Edição, Dreden Publishers, 2004, página 16.*

equitativa das receitas provenientes do petróleo e do gás. No entanto, o decreto foi posteriormente revogado para permitir que o governo federal assumisse a responsabilidade total pelas receitas offshore. Mas o acórdão do Supremo Tribunal deu vida à disposição da Constituição de 1960, o que significa que os Estados costeiros [já não as regiões] têm direito à derivação das receitas offshore. Para os Estados sem litoral, isto é grosseiramente injusto e eu concordo.

CAPÍTULO 4

4.1 TENTATIVAS DE PARTILHA DE RECEITAS NA NIGÉRIA.

A partilha de receitas na Nigéria era uma questão política devido à estrutura política do país antes da independência e até sete anos após a independência, com as regiões a competirem entre si com o objetivo de obterem uma parte substancial, se não mais, do que as outras. O Governo teve de criar várias comissões para chegar a uma fórmula de partilha aceitável e menos controversa. O processo começou da seguinte forma

l.   Comissão Phillipson (1946) - A comissão recomendou a utilização da derivação e mesmo do desenvolvimento como critério para a distribuição das receitas. Por derivação, a comissão entende que cada unidade de governo receberia do erário central a mesma parte que lhe foi atribuída.

m.   Hicks- Phillips on Commission-(1951) - Recomendou o princípio da necessidade, da derivação e da independência das receitas ou da autonomia fiscal e do interesse nacional como critérios para a partilha das receitas.

n.   Comissão Chicks (1953) - Recomendou o princípio da derivação como base para a partilha de receitas.

o.   Comissão Raisman (1961) - Recomendou o princípio das necessidades, do desenvolvimento equilibrado e da responsabilidade mínima. Divisão percentual de 40% para o Norte, 30% para o Leste, 24% para o Oeste e 50% para o Sul dos Camarões.

p.   Comissão Binns (1964). Revogou o princípio da necessidade e do desenvolvimento. Em seu lugar, propôs a comparabilidade financeira regional e a divisão percentual de 42% para o Norte, 30% para o Leste, 20% para o Oeste e 8% para o Centro-Oeste.

q.   Comissão Dina (1969) Recomendou normas mínimas nacionais, desenvolvimento equilibrado na atribuição da conta conjunta do Estado e necessidades básicas.

r.   Comissão Técnica Aboyede (1977). Recomendou uma norma mínima nacional para a integração nacional (22%), a igualdade de acesso às oportunidades de desenvolvimento (25%), a capacidade de absorção (20%), a eficiência fiscal (15%) e o esforço de receitas independentes (18%). Outros critérios são: Governo Federal 57%, Estados 30%, governos locais 10% e fundos especiais 3%.

s.   Comité Okigbo (1980) - Percentagens recomendadas com base em princípios. População 4 por cento, Igualdade 4 por cento, Desenvolvimento social 15 por cento, esforço de receitas internas 5 por cento. Governo federal, 53%. Governos Estaduais, 30%, Governos Locais, 10% e Fundos Especiais,

7%.

t.   Comissão Danjuma (1988) Percentagens recomendadas. Governo Federal, 50%, Governos Estaduais, 30%, Governos Locais, 15%, Fundos Especiais, 5%. Outras leis sobre a afetação de receitas;

a)   Decreto 15 de 1967

b)   Decreto 13 de 1970

c)   Decreto 9 de 1971

d)   Decreto 6 de 1975

e)   Decreto 7 de 1975

f)   Comissão Fiscal e de Afetação de Receitas (1999).[27]

Argumenta-se que a fórmula de afetação das receitas na Nigéria é a ruína do desenvolvimento dos Estados e das autarquias locais.

A questão das receitas tem sido um tema polémico para muitos governos da Nigéria, civis e militares. Houve,

i.   100 por cento de receitas para a região em 1953

ii.   50 por cento de receitas para a região em 1960

iii.   45% para os   Estados de derivação em 1970

iv.   20 por cento para os   estados de produção em 1975

v.   25 por cento   para os estados de produção em 1982

vi.   1,5 por cento para os estados de produção em 1992

vii.   3 por cento para os estados de produção em 1992

viii. 13% para os estados de produção em 1999 - 2012.

4.2 O CONCEITO DE FUNDO DE GARANTIA

A questão da derivação foi conceptualizada no início da história da existência corporativa da Nigéria pelo governo colonial. Trata-se, portanto, de uma questão pré-independência e pós-independência.

Em 1946, por exemplo, a Constituição de Richards dividiu a Nigéria em (3) três regiões para

---

27 Dare Arowolo Professor, Departamento de Ciência Política e Administração Pública, Universidade Adekunle Ajasin em Federalismo Fiscal na Nigéria; Teoria e Dimensão. AFRO. Revista Asiática de Ciências Sociais, Vol 2, No 2.2 Quanterly, 2011

administração regional. São elas

a)   A Região Norte

b)   A Região Oriental e

c)   A Região Oeste

As regiões eram apenas unidades políticas e dependiam do governo central para a afetação das receitas. Isto significa que não têm autoridade legal para gerar as suas próprias receitas. Era o governo central que gerava e desembolsava as receitas.

No entanto, a massa terrestre e a população das regiões não eram as mesmas, os recursos derivados de cada região também não eram os mesmos. Então, qual era a saída?

O Governo central nomeou um comité para elaborar uma fórmula de repartição das receitas pelas (3) três administrações regionais.[28]

2(a) a Comissão Sir Sidney identificou dois aspectos,

i.   O princípio da derivação, segundo o qual cada região recebia uma subvenção com base na sua contribuição para as receitas centrais.

ii.   O princípio do progresso equilibrado, segundo o qual foram afectadas mais receitas às zonas pobres e não desenvolvidas do que às zonas relativamente ricas ou desenvolvidas. Isto para dar uma aparência de desenvolvimento igual e equilibrado.

Estas considerações fizeram parte da reflexão do governo central até 1953.

A recomendação da comissão era, obviamente, inadequada para abordar as questões da afetação de receitas com base na Constituição de Richards de 1946. A Constituição de Richards foi revista.[29]

A Comissão Hick-Phillips foi nomeada para apresentar um princípio de derivação mais viável,

A Comissão apresentou posteriormente um relatório,

As propostas específicas que apresentámos foram seleccionadas, em parte, por razões de praticabilidade administrativa, em parte, por razões de sentido económico, mas, em grande parte, para que constituam uma redistribuição de receitas que possa ser aceite como razoável. Ou seja, deve satisfazer as reivindicações daqueles que, em geral, podem alegar ter recebido menos do que a sua quota-parte justa, sem impor um fardo intolerável àqueles que parecem ter recebido mais do que a sua quota-parte justa no passado, de modo que agora têm de se confrontar com uma proporção menor

---

19 *O comité foi presidido por Sir Sidney Philipson em 1950*
29 *Esta decisão foi tomada na sequência da Conferência Geral sobre a revisão constitucional de janeiro de 1950*

do total das receitas regionais do que a que recebiam até então.[30]

A Comissão recomendou, por exemplo, que os governos regionais fossem dotados de poderes legislativos para determinar as receitas, incluindo os impostos directos, que foram declarados regionais.

i.   Aumentar e determinar certos impostos, incluindo novos impostos

ii.   Controlo da tributação das bebidas espirituosas para motores

iii. Aplicação de 50 por cento das receitas provenientes dos impostos sobre o tabaco consumido em cada região

Consequentemente, foram identificados os seguintes princípios;

1.   O princípio das receitas independentes, as fontes de receitas da região, destina-se a incentivar a responsabilidade financeira dos governos regionais.

2.   Princípio da derivação: após a coleta de todos os impostos pelo governo central, uma proporção é devolvida às regiões de acordo com o que cada região é capaz de recolher como impostos para a receita central. Neste sentido, os impostos eram considerados vitais para a derivação.

4.3 O PRINCÍPIO DAS NECESSIDADES

Este princípio foi adotado para complementar o princípio da derivação e das receitas independentes. Os recursos foram distribuídos equitativamente entre as regiões, independentemente do seu local de residência ou do seu local de nascimento. Uma parte das receitas foi igualmente afetada em função da população e das necessidades dos diferentes povos que constituem o conjunto do país.

1.   O princípio do interesse nacional

Havia certos domínios que eram da responsabilidade do governo central, com base no interesse nacional, e que não podiam ser deixados às regiões, por exemplo, a polícia, as alfândegas e a educação. Não era ideia do governo central deixar a questão do policiamento para as regiões por razões de segurança. As regiões costumavam exercer controlo sobre a polícia. Na região Norte, por exemplo, a polícia estava sob a alçada da Native Authority (N.A), na região Oeste, a polícia estava sob o controlo do governo regional, o mesmo acontecendo na região Leste.[31]

Exemplo deste princípio de necessidades foi a subvenção especial de dois milhões de libras (£2milhões) concedida à região Norte para colmatar o fosso em termos de desenvolvimento entre as

---

30 *Parte do relatório da Comissão Hick-Philipson sobre a afetação de receitas; Government Printer, Lagos 1951*
31 *As recomendações contidas no relatório da comissão Hick-Phillipson foram alteradas e incorporadas na ordem no conselho de 1951*

regiões.

Antes da Constituição de 1954, foi nomeada uma outra Comissão para fazer novas recomendações sobre o princípio da derivação. Esperava-se que as recomendações fizessem parte da Constituição de 1954.[32]

A Comissão Sir Louis recomendou que o governo central ficasse com uma parte de leão das receitas para poder financiar alguns outros projectos que podem ser referidos como a lista legislativa exclusiva, e também para poder conceder subvenções a qualquer governo regional durante crises ou períodos de graves necessidades (isto pode ser comparado com o fundo ecológico ou o fundo soberano).

A distribuição estimada para o consumo em cada região.

(a) Relativamente aos outros direitos de importação, com exceção das bebidas espirituosas para motores e do tabaco, a distribuição pelo Governo Central foi de 15% para a região Norte, 20% para a região Oeste, 14,5% para a região Leste e 1% para o Sul dos Camarões.

Se o governo central acreditava que a fórmula acima referida era abrangente, então as críticas que se seguiram deram crédito à inadequação da fórmula das receitas. A conferência constitucional de 1953, que deu origem à fórmula de partilha de receitas, tinha graves falhas.

Outra conferência constitucional tornou-se eminente. Foi a conferência constitucional de 1957, que viu a nomeação de Raisman como chefe de outra comissão que deveria rever as recomendações da conferência de 1953.

As lacunas identificadas na conferência sobre a Constituição de 1953 foram as seguintes[33]

i.   Ausência de uma fórmula fiável de repartição das receitas e falta de meios para diferenciar o princípio das necessidades e o princípio da derivação, por exemplo, a diferença entre as necessidades reais de uma região e as receitas reais provenientes de cada região.

ii.   Deficiências na aplicação do princípio da derivação no que se refere à atribuição ao governo regional, especialmente da sua parte dos direitos de importação, exceto os relativos ao tabaco e às bebidas espirituosas para motores.

iii.   Parece também que o leque de receitas independentes disponíveis para as regiões era limitado, apesar da ênfase colocada nas receitas independentes pela anterior Comissão Sir Louis chick de 1953.

O relatório da Comissão Raisman[34]

---

32 *Sir Louis Chick foi nomeado Comissário Fiscal, com a responsabilidade de elaborar um projeto de autonomia fiscal*
33 *SIBON Books publishers Ltd 2006 Supra*
34 *Relatório da Comissão Fiscal presidida por Jeremy Raisman 1958*

Considerou a possibilidade de atribuir às regiões o poder exclusivo de aplicar e cobrar o máximo de receitas dentro dos seus limites.

Talvez a Comissão tivesse, tendo em conta a necessidade de dar às regiões a máxima autonomia financeira, ao mesmo tempo que o governo central tem a garantia da estabilidade financeira, tomado em consideração o interesse de todo o país.

No entanto, a consideração anterior estava destinada a falhar desde o início. Dar o máximo de poder às regiões para que estas obtenham o máximo de receitas não poderia proporcionar ao governo central a estabilidade de que este necessitava. Como garantir o equilíbrio das receitas independentes das regiões e, ao mesmo tempo, falar em ter em consideração o interesse nacional?

Em alternativa, como base para a afetação das receitas, foi dada prioridade ao princípio da derivação, ao mesmo tempo que foi dada ênfase às necessidades do Governo Federal e das regiões.[35]

Na sequência do acordo supramencionado, o governo central devia entregar a cada região 50% do produto de todas as royalties e rendas mineiras daí resultantes, o governo central retinha 20% e 30% eram creditados na conta comum distribuível, após dedução do montante de qualquer reembolso e de outros encargos.[36]

Aparentemente, a recomendação da Comissão Raisman constituiu a base da independência e da Constituição Republicana de 1963. Para além disso, a controversa propriedade dos minerais e a plataforma continental onde estes se encontravam foram definidas pela Constituição republicana. A plataforma de uma região era considerada parte integrante dessa região.

A Constituição republicana, provavelmente por antecipação, previu a revisão periódica da afetação das receitas. Assim;

O Governo da Federação, agindo após consulta com o governo das regiões, deve periodicamente nomear uma comissão para rever e fazer recomendações no que diz respeito às disposições das secções 140 e 141 da presente Constituição.[37]

O facto de a plataforma continental, de onde provinha a maior parte do petróleo offshore, pertencer às regiões tornou-se uma receita para o problema. As regiões que dispunham de poucos ou nenhuns recursos petrolíferos minerais estariam naturalmente em desvantagem nas áreas de geração de receitas. Naturalmente, eram de esperar protestos e insatisfação por parte dessas regiões, sobretudo sabendo que uma disposição da mesma constituição permitia a revisão da fórmula de partilha.

Os princípios de derivação prejudicaram o desenvolvimento de um sistema nacional e equitativo

26 Elias T.O Nigéria: O Desenvolvimento das suas Leis e Constituição página 253
27 Este acordo foi incorporado na Constituição Republicana de 1960 e 1963, tanto na secção 134 como na secção 140
28 Secção 164 da Constituição de 1963

de afetação de receitas, envenenaram as relações intergovernamentais e exacerbaram as rivalidades e os conflitos inter-regionais. Talvez mais do que qualquer outro fator isolado, impediu o desenvolvimento de um sentido de unidade nacional e de cidadania comum na Nigéria.[38]

Das críticas acima referidas à fórmula das receitas, destacam-se as seguintes questões

a)   Relações intergovernamentais envenenadas

b)   Incentivou a rivalidade e os conflitos inter-regionais

c)   Sentimento de unidade nacional ameaçado

d)   Impede um sistema racional e equitativo de receitas.

A questão era que, se uma região que produzia petróleo e gás beneficiava de 50% de derivação, o que dizer das regiões que não conseguiam produzir petróleo e gás?

Outros defeitos incluíam o facto de as regiões produtoras de petróleo e o governo federal parecerem ser os principais beneficiários do regime de receitas, enquanto os estados grandes e populosos eram confrontados com o fardo de despesas pesadas. Como é que as zonas desfavorecidas iriam conseguir desenvolver-se, tendo em conta a afetação desigual das receitas?

A solução era o governo federal assumir algumas das responsabilidades das zonas desfavorecidas ou rever o padrão de distribuição das receitas, criando ou nomeando outra comissão para rever a fórmula, em conformidade com as disposições da Constituição.

As finanças das zonas que não dispõem de petróleo nem de gás dependiam do que conseguiam angariar, uma vez que as receitas provenientes do amendoim, do cacau, do tabaco, dos couros e peles não eram tão elevadas como as obtidas com o petróleo e o gás e os preços desses produtos também flutuavam.

Tornou-se inevitável para o governo federal rever a afetação de receitas da seguinte forma.

*   Região do Norte 42

*   Região oriental 30 Percentagem

*   Região ocidental 20 %

*   Região Centro-Oeste 8 Percentagem

Esta decisão baseava-se na população, nas necessidades financeiras, no acréscimo de receitas e no

38 *Adedeji .A. Nigerian Federal Finance (Londres, Hutchinson (1969)) página 254.*

desenvolvimento equilibrado. Em 1967, a Nigéria viu-se confrontada com uma crise de sucessão.[39]

As exigências da época levaram o governo federal a abolir a organização regional do país, criando 12 estados.

A afetação regional das receitas foi subdividida. Por exemplo, a afetação de receitas para a região Norte foi partilhada entre os seis Estados que compõem a região, recebendo cada um 7 por cento (7×6 Estados $\equiv 42\%$) para a região Leste; os três (3) Estados partilharam 17,5 por cento.

A região ocidental partilhou 18% para os Estados ocidentais e 2% para o Estado de Lagos.

Se a fórmula de partilha de receitas acima referida se destinava a resolver o problema, acabou por ser o oposto. Suscitou mais protestos do que nunca, especialmente no Norte. Estados como Kano, no Noroeste, e Borno, Yobe e Taraba, no Nordeste, eram bastante grandes em termos de território e de população. Estes Estados não podiam ser comparados com outros pequenos Estados do Leste ou de Lagos.

O desenvolvimento equilibrado não era possível, sobretudo tendo em conta a diminuição das receitas resultante dos efeitos da guerra civil. O Governo Federal criou outra Comissão com um mandato de referência.[40]

Tendo em conta a criação de 12 Estados, as funções anteriormente exercidas pelos governos regionais são atualmente incumbidas de: (a) analisar e sugerir qualquer alteração à existência de um sistema de atribuição de receitas no seu conjunto. Isto inclui todas as formas de receitas que vão para cada governo, para além e incluindo o fundo comum de distribuição, (b) sugerir novas fontes de receitas tanto para o governo federal como para os governos estaduais e (c) apresentar os resultados num prazo de quatro meses.

O comité entrou em ação e acabou por produzir algumas recomendações baseadas também no interesse nacional.

As recomendações foram as seguintes;

i.   No atual sistema de repartição, o princípio da derivação tem um peso excessivo.

ii.   As recomendações da anterior comissão de revisão fiscal eram muito vagas e insuficientes para resolver o problema.

iii.   as contradições e a falta de delimitação jurídica entre os recursos disponíveis para as diferentes

---

39 *Seguiram-se uma série de golpes de Estado, em janeiro de 1966, e contragolpes, em julho de 1966, que provocaram a morte de civis e de oficiais superiores das regiões Norte e Oeste. A crise acabou por conduzir ao desencadeamento de uma guerra civil pelo governo da região oriental.*
40 *O Chefe I.O Dina foi nomeado para presidir ao Comité de Revisão da Afetação das Receitas em 1969*

unidades componentes da federação e suas funções

iv.   O sistema de afetação das receitas apresentava uma lacuna entre os princípios de afetação e a sua interpretação.

v.   Problemas administrativos que afectaram a coordenação da execução fiscal. Alguns destes problemas eram a multiplicidade de impostos sobre as receitas cobradas.

Em suma, o que a comissão relatou foi que as fórmulas de receitas anteriores não podiam funcionar porque não tinham uma responsabilidade fiscal clara.

A própria Comissão Dina fez algumas recomendações que se supõe serem de grande alcance.

O comité recomendou que

a.   O governo federal deveria assumir a responsabilidade por uma série de matérias da lista de legislação concorrente da Constituição, como o ensino superior, a ordem e a segurança públicas e a investigação científica e industrial.

b.   O Governo Federal deve adotar uma política de subvenções condicionais para a saúde e os transportes rodoviários.

c.   O governo federal deveria adotar uma política fiscal mais vigorosa para o desenvolvimento industrial dos Estados.

d.   Taxa uniforme do imposto sobre o rendimento

e.   Distinção entre receitas petrolíferas onshore e offshore.

A recomendação acima referida foi posteriormente rejeitada.[41]

O Governo Federal, posteriormente, iniciou a sua própria alteração do sistema de afetação de receitas, as rendas mineiras e as royalties, anteriormente atribuídas às regiões na base de 50% para as áreas de derivação, 15% para o Governo Federal e 35% para a conta comum distribuível, passaram a ser partilhadas em 45% para as áreas de produção, 5% para os governos estaduais e 50% para o Governo Federal.[42]

Os direitos de importação sobre os carburantes, anteriormente pagos na totalidade aos Estados com base no consumo relativo, foram divididos em 50% para o governo federal e 50% para os governos estaduais.[43]

Constitucionalidade do fundo de derivação o princípio da derivação não se aplica ao governo da

---

41 *Em 1969, a comissão terá actuado fora do seu mandato.*
42 *Ver decreto n.º 13 de 1970*
43 *Ekon Bassey; The offshore oil and Derivation struggle at the Supreme Court, Sibon Books Limited, Lagos (2006) página 17.*

federação. Tais princípios são vistos em,

O Presidente, após receber o parecer da Comissão de Atribuição de Receitas e Fiscalidade, deve apresentar à Assembleia Nacional propostas de atribuição de receitas da conta da federação e, ao determinar a fórmula, a Assembleia Nacional deve ter em conta os princípios de atribuição, especialmente os da população, a igualdade de geração de receitas internas do Estado, os terrenos e a densidade populacional.

Desde que o princípio da derivação seja constantemente refletido em qualquer fórmula aprovada como não sendo inferior a treze por cento das receitas que entram na conta da federação diretamente a partir de quaisquer recursos naturais.[44]

A disposição anterior previa expressamente que pelo menos treze por cento das receitas que entrassem na conta da federação diretamente a partir de quaisquer recursos naturais seriam pagas a um Estado da federação de onde provinham esses recursos naturais.

Por conseguinte, para que um Estado se possa qualificar para a derivação por afetação de fundos da conta da federação, os recursos naturais devem provir do interior das fronteiras desse Estado.

É igualmente claro que o princípio da derivação gozava de um apoio constitucional. No entanto, é espantoso que esses Estados litorais definam os recursos naturais dentro do seu Estado para incluir os recursos naturais muito para além das fronteiras dos seus Estados.

Os Estados litorais, para efeitos de receitas obtidas dentro da fronteira dos seus Estados, acreditavam erradamente que a fronteira marítima dos seus Estados se estendia às Águas Territoriais, à Plataforma Continental e à Zona Económica Exclusiva da Nigéria, para efeitos de receitas obtidas a partir dessa zona. O argumento tem provavelmente origem na disposição da secção 134(6) da Constituição de 1960, que tornou a plataforma continental parte da região contígua a ela. É de notar que não existe qualquer disposição no artigo 162º da Constituição de 1999 semelhante ao nº 6 do artigo 134º acima referido, que permita que as receitas provenientes da plataforma continental contígua a uma região sejam pagas a essa região.

Na ausência de uma disposição semelhante ao artigo 130(6) da Constituição de 1960 na Constituição de 1999, não é justificável nem um argumento válido para esse efeito, que os Estados costeiros reivindiquem a propriedade da plataforma continental como pertencendo a uma parte da região que lhe é contígua.

A utilização da secção 134 (6) da Constituição de 1960 e de qualquer outra declaração juramentada pelos Estados litorais para provar que a plataforma continental contígua à sua região pertenceu a esses

---

Estados no passado deve permanecer o que era - no passado.

Tais alegações são contrárias aos instrumentos estatutários da Ordem no Conselho, à posição de direito comum e à Convenção Internacional sobre o Direito do Mar (1982).

O simples facto de as plataformas petrolíferas e os poços de petróleo estarem situados em zonas offshore com nomes de comunidades indígenas e com a linha costeira adjacente a essas zonas offshore não pode conferir a propriedade dessas zonas offshore.

Esta designação, bem como as disposições das várias leis relativas ao registo nos estados adjacentes a estas áreas, é apenas um acordo de administração internacional feito pelo governo.[45]

É a Nigéria enquanto país, e não os Estados litorais, que é membro da comunidade internacional. A Nigéria é um Estado soberano e um membro da comunidade internacional. Os Estados litorais, não sendo soberanos mas apenas unidades do soberano, não são individual ou coletivamente competentes para agir como entidades soberanas dentro de uma nação.

No exercício da sua soberania, a Nigéria pode celebrar tratados e convenções, tanto bilaterais como multilaterais. A condução dos assuntos externos faz parte da lista legislativa exclusiva. O poder de conduzir esses assuntos cabe ao governo da federação, com exclusão total de qualquer outra unidade política da federação.

A conclusão é que os recursos naturais situados na plataforma continental e nas zonas económicas exclusivas não são propriedade de nenhum Estado da Federação. A alegação dos Estados litorais de que os seus territórios se estendem para além da linha de baixa-mar da sua costa para o mar territorial, a plataforma continental e a zona económica exclusiva e de que os recursos naturais derivados dessas zonas lhes pertencem e que, por conseguinte, têm direito a beneficiar da atribuição de 13% não pode ser apoiada jurídica e constitucionalmente.

---

45 *Ogundare JSC (página 283) Parágrafo E-H*

CAPÍTULO 5

5.1 REGIME JURÍDICO DA DICOTOMIA PETRÓLEO ONSHORE/OFFSHORE DICOTOMIA PETRÓLEO

Entre 1960 e 1963, todas as royalties e rendas mineiras, incluindo as provenientes do petróleo e do gás, foram devolvidas às regiões de origem dessas royalties. É claro que isto não foi bem aceite por algumas das regiões menos dotadas de recursos minerais de petróleo e gás. O governo central fez várias tentativas para encontrar um sistema de partilha de receitas que fosse menos controverso. Para o efeito, o governo decidiu proceder a uma ampla consulta antes de aplicar qualquer fórmula de partilha de receitas. Para o efeito, baseou-se na Constituição Republicana de 1963.

O governo da federação, agindo após consulta com o governo das regiões, nomeará periodicamente uma comissão para rever e fazer recomendações no que diz respeito às disposições das secções 140 e 141 da constituição. [46]

Assim, depois de várias comissões de partilha de receitas, de 1953 a 1959,[47] o governo federal, em 1967, criou uma outra comissão para elaborar um projeto que garantisse uma distribuição equitativa da partilha de receitas.[48]

Foi este comité que aconselhou o governo federal a estabelecer uma distinção entre as receitas onshore e offshore. Os royalties e as rendas provenientes do onshore eram partilhados com as zonas produtoras, enquanto as receitas petrolíferas provenientes do offshore não diziam respeito às zonas produtoras.

Apesar de o governo federal ter rejeitado o relatório da comissão Dina em algumas questões.[49]

No entanto, promulgou um decreto que alterou consideravelmente a sua fórmula de repartição das receitas.

O decreto prevê,

O montante a crédito da conta distribuível no final de cada trimestre será distribuído pelo governo federal entre os estados na seguinte base - (a) metade será dividida igualmente entre os estados, e (b) a outra metade será dividida entre os estados proporcionalmente à população de cada estado.[50]

É revogado o n.º 6 do artigo 140.º da Constituição da Federação (que prevê que a plataforma

---

37 *Secção 164 da Constituição de 1963*
38 *A Comissão Sir Philips, H. e outros*
39 *Chefe I.O. Dina comissão Op Cit*
49 *Op. Cit.*
50 *Secção 5(1) Distributable Pool Account Decreto n.º 13 1970 Um ano mais tarde, o Tribunal Federal promulgou outro decreto que diferenciava as receitas petrolíferas onshore.*

continental de um Estado é considerada parte integrante desse Estado).

(2) Por conseguinte - (a) a propriedade e a titularidade das águas territoriais e da plataforma continental pertencem ao governo militar federal. e, (b) todos os royalties, rendas e outras receitas derivadas ou relacionadas com a exploração, prospeção ou pesquisa, ou a obtenção ou exploração de petróleo (tal como derivado do petróleo de 1969) nas águas territoriais e na plataforma continental pertencem ao governo militar federal.

Tornou-se claro que o objetivo do decreto acima referido era apropriar-se da propriedade de todas as receitas provenientes do offshore (águas territoriais e plataforma continental) para o governo federal. Em segundo lugar, ao fazê-lo, o governo federal tornou-se mais rico do que os estados. A implicação disto é que os Estados que compõem a União tiveram de depender do governo federal para as suas necessidades de desenvolvimento. Pelo menos para complementar as suas receitas. Tudo o que os estados tinham de fazer era recusar-se a desenvolver as suas áreas e pedir uma ajuda ao governo federal. Estava criada a base para a corrupção.

O governo federal era o proprietário das receitas offshore e onshore.

Mas por quanto tempo é que o governo federal suportaria as exigências excessivas dos Estados? certamente não por muito tempo, pois descobriu que o fardo que tinha de suportar era enorme.

Consequentemente, em 1975, o governo federal apresentou o que considerava ser uma solução.

A partir de 1ˢᵗ de abril de 1975, todas as parcelas dos direitos aduaneiros e dos impostos especiais de consumo anteriormente devidos aos governos estatais com base no princípio da derivação serão pagas à conta comum distribuível. A percentagem de royalties a pagar aos governos estatais com base na derivação será reduzida de 45 para 20 e o governo federal transferirá a totalidade da sua quota-parte de royalties onshore e offshore para a conta comum distribuível.[51]

A implicação da política governamental era que a parte pertencente ao governo federal nas receitas onshore e offshore deveria estar na Conta do Fundo Comum Distribuível, pelo que os Estados eram desencorajados de vir de mãos dadas, pressionando assim o governo federal para obter dinheiro. A quota-parte do governo fazia parte do que seria distribuído aos Estados.

Em segundo lugar, a quota-parte dos governos estaduais nas receitas foi reduzida de 45% para 20%, tendo o saldo sido igualmente depositado na Conta Comum Distribuível para ser partilhado pelos níveis de governo.

O governo federal apoiou a sua política com um decreto.

A Federação deve creditar na conta comum distribuível (a) o processo de quaisquer royalties

---

51 Isto foi dito no discurso do Chefe de Estado à Nação no 14º Aniversário da Independência.

recebidas pela federação relativamente aos minerais extraídos das águas territoriais e da plataforma continental da Nigéria (b) as rendas mineiras recebidas pela federação relativamente às águas territoriais e à plataforma continental da Nigéria.[52]

Na mesma ótica, o governo federal revogou o Decreto [n.º 6] sobre o rendimento do petróleo no mar, de 1971, através da disposição de,

Os actos legislativos enumerados na primeira coluna da lista do presente decreto são, na medida em que são enumerados na terceira coluna dessa lista, consequentemente revogados.[53]

Uma das leis previstas no terceiro calendário acima mencionado era a lei Offshore

Decreto sobre as receitas petrolíferas de 1971.

A questão que se coloca é a seguinte: com a revogação do decreto relativo às receitas petrolíferas offshore, o que aconteceu ao produto das receitas provenientes das receitas offshore? Reverteram para os Estados, como na Constituição de 1960 e 1963?

A resposta é não. As receitas ou rendimentos das zonas offshore foram retidos pelo governo federal e tornados propriedade de todo o país para serem distribuídos em conformidade.

A ação do governo visava criar um sentimento de pertença às outras partes componentes da região e, como dizem alguns críticos, privar as áreas produtoras de petróleo do que lhes é devido. Isto foi corretamente captado;

A repartição das receitas deve ser encarada não como um exercício constitucional, mas como um meio de financiar programas de desenvolvimento. Assim sendo, os períodos de planeamento aprovados periodicamente pelo governo e as reformas e revisões constitucionais devem ser adoptados como um período de tempo lógico para a partilha de receitas entre os governos da federação. O Conselho Militar Supremo é também da opinião de que a afetação de receitas na federação tem de ser revista regularmente para garantir sempre que todos os níveis de governo possam desempenhar as suas funções de desenvolvimento e de governo, apenas com base na totalidade dos recursos disponíveis para o governo.[54]

É lamentável que o governo tenha sucumbido à chantagem dos Estados litorais através do decreto 106 de 1992.

A afetação das receitas ou a distribuição legal das receitas da conta da federação entre os diferentes

---

52 Secção 5(3) Constituição (Disposições financeiras) Decreto n° 6 de 1975
O governo pensava que as receitas provenientes das áreas onshore/offshore aliviariam a pressão da exigência de mais dinheiro por parte dos Estados.
53 Secção 7 do decreto n.° 6 de 1975
54 Op. cit.

níveis de governo tem sido uma das questões mais controversas e polémicas da vida política do país. A questão tem sido tão polémica que nenhuma das fórmulas desenvolvidas em várias ocasiões por uma comissão ou por decreto sob diferentes regimes desde 1964 ganhou aceitação geral entre as unidades componentes do país. De facto, a questão, tal como um decimal recorrente, tem permanecido dolorosamente a primeira.

A dicotomia onshore-offshore foi abolida em fevereiro de 2004, após dois anos de rigores legislativos e políticos destinados a encontrar uma solução para um acórdão do Supremo Tribunal de 2002 que afirmava os poderes de controlo do Governo Federal sobre o petróleo derivado do offshore.

Com base na lei, o petróleo extraído no mar fará parte do cálculo da derivação de 13% das receitas atribuídas aos Estados litorais.

Os Estados litorais perderam e o Governo Federal apenas ganhou a batalha legal, mas não a paz, o que levou ao atual recurso à resolução política do impasse.

Como surgiu o domínio do Governo Federal nas questões políticas, económicas e fiscais na Nigéria de hoje?

A Nigéria era inicialmente um Estado unitário, que não partilhava qualquer poder, fiscal, económico ou político com as unidades constituintes. As regiões coloniais eram apenas unidades administrativas e as suas assembleias eram meros órgãos deliberativos e consultivos. Não partilhavam o poder. A afetação de receitas tinha pouco ou nenhum impacto, para não falar de um princípio derivado.

O primeiro projeto de lei foi aprovado em 21 de outubro de 2002, porque o legislador tinha substituído a "plataforma continental" pela "zona contígua" no projeto de lei apresentado pelo Presidente. Na sequência de consultas entre o Presidente e os Governadores dos Estados litorais, chegou-se a um consenso segundo o qual a zona offshore para efeitos da secção 162(2) da Constituição foi colocada na "isóbata de 200 metros de profundidade de água" em vez de 200 milhas náuticas a partir da plataforma continental', em que o legislador tinha insistido anteriormente em 2002.

Um dos objectivos políticos do governo federal no sector petrolífero é a propriedade de todos os recursos minerais de petróleo e gás dentro da sua fronteira internacional. Esta política é simultaneamente política e económica. É política porque, como nação, a Nigéria tem de afirmar a sua soberania sobre os seus recursos nacionais e é económica devido às suas necessidades de desenvolvimento, em relação a infra-estruturas e outras responsabilidades fiscais.

A questão da propriedade e do controlo gerou muita paixão, controvérsia, agitação e hostilidade, especialmente entre os Estados produtores de petróleo (também chamados Estados do litoral) e os Estados sem litoral.

De um modo geral, a propriedade e o controlo dos recursos de petróleo e de gás são questões voláteis na política mundial. O desejo de controlar o produto tem sido uma fonte de conflitos e crises, conduzindo frequentemente a guerras.

A sucessão da Chechénia em relação à Rússia deveu-se ao oleoduto e ao gasoduto estratégicos que passam por Grozny e que transportam o petróleo do Cáspio para os portos do Mar Negro. O antigo Presidente Boris Yelsin travou uma guerra amarga e infrutífera para tentar subjugar os chechenos.

Outro exemplo é o conflito e a invasão indonésios de Timor Leste durante mais de uma década, relacionados com o controlo do petróleo e do gás. A intervenção da Austrália para o desenvolvimento da brecha de Timor para a exploração de petróleo foi informada por considerações económicas. Mas a maior área de conflito em torno do petróleo e do gás é o Médio Oriente, que fornece 38% do petróleo e do gás do mundo até ao ano 2010, e também fornece entre 48% e 50% das necessidades mundiais de petróleo.[55]

A situação mais lamentável, porém, é que um país, tendo assegurado a sua fronteira, se envolva em rancor interno entre os seus cidadãos e o Governo e\ou outras unidades componentes para o controlo interno do petróleo e do gás, simplesmente porque o petróleo e o gás estão localizados e são produzidos numa determinada área.

Na Nigéria, tal como na maioria dos países produtores de petróleo e de gás, a propriedade e o controlo do petróleo e do gás foram atribuídos às regiões e, posteriormente, ao Governo Federal.

5.2 DISPOSIÇÕES CONSTITUCIONAIS ANTERIORES SOBRE A MATÉRIA

A Nigéria teve quatro Constituições Federais [desde 1960], incluindo a atual, que entrou em vigor em 29 de maio de 1999. Na Constituição de 1960, a disposição relevante sobre a afetação de receitas com base na derivação encontra-se na secção 134(1), onde se afirma que cinquenta por cento (50%) das receitas provenientes das royalties e da renda mineira anual recebidas relativamente a quaisquer minerais (não recursos naturais) pela Federação, reverterão a favor da região de onde esses minerais provêm.

O n.º 6 do artigo 134.º estipulava que, para efeitos do artigo 134.º, a plataforma continental de uma região era considerada como parte dessa região. Em 1960, a Federação era constituída por três regiões (que na altura não eram conhecidas como Estados): a região oriental, a região setentrional e a região ocidental.[56] Destas, as regiões oriental e ocidental tinham linhas costeiras e, por conseguinte, zonas offshore contíguas, com plataforma continental. A Constituição de 1963 continha disposições com requisitos de qualificação semelhantes para beneficiar de minerais offshore (ver secção 140)

---

55 *O petróleo e os outros cães de guerra: Oil World Report, abril de 1997*
56 *Op. Cit. p. 36*

A Constituição seguinte foi adoptada em 1979. No entanto, antes desse ano, existia uma lei (promulgada em 1971), a Offshore Oil Revenue Act 1971, n.º 9, que tinha o efeito de privar as regiões costeiras do benefício do n.º 6 do artigo 140.º da Constituição de 1963. Offshore Oil Revenue (Decree) 1971.

Secção 1 (1)

O n.º 6 do artigo 140.º da Constituição da Federação (que prevê a revogação da plataforma continental de um Estado).

(b)Todos os royalties, rendas e outras receitas derivadas ou relacionadas com a exploração, prospeção ou pesquisa, ou a obtenção ou exploração de petróleo (tal como definido no Decreto sobre o Petróleo, 1969) nas Águas Territoriais e na Plataforma Continental, reverterão a favor do Governo Militar Federal.

DECRETO DE AFECTAÇÃO DE RECEITAS (ALTERAÇÃO), 1992

Para evitar dúvidas, é suprimida a distinção entre receitas petrolíferas terrestres e marítimas para efeitos de partilha de receitas e de administração do fundo para o desenvolvimento das zonas de recursos minerais petrolíferos.

Este decreto previa que 1% da conta da Federação proveniente das receitas minerais fosse partilhado entre os Estados produtores de minerais.

A legislação de 1971 estipulava que, a partir da sua data de entrada em vigor, o produto de todos os royalties, rendas e outras receitas relacionadas com o petróleo das águas territoriais e da plataforma continental da Nigéria reverteria a favor do Governo Federal. Não foi, portanto, uma grande surpresa que a Constituição de 1979 - um produto patrocinado sob o mesmo regime militar que estabeleceu a lei de 1971 - não contivesse qualquer disposição sobre a percentagem das receitas da Federação que seria atribuída especificamente aos Estados costeiros a partir das receitas dos minerais provenientes das zonas offshore, embora o seu artigo 149(2) previsse a distribuição dos fundos da Conta da Federação pelos três (3) pneus do Governo.

Esta posição constitucional manteve-se até 29 de maio de 1999, quando a Constituição de 1999 entrou em vigor. Entretanto, porém, os Estados produtores de petróleo (dos quais poucos, coincidentemente, são litorais) beneficiaram de pequenos paliativos financeiros do Governo Federal, não só através de disposições constitucionais directas, mas também através de leis como a Oil Minerals Producing Areas Development Commission (OMPADEC) Act[57] , em que uma pequena percentagem das receitas (especificamente 3% da Conta da Federação, a utilizar de acordo com as instruções da

---

57 *Promulgada pelo regime militar do General Ibrahim B. Babangida em 1992.*

Assembleia Nacional[58] (ver secção 4[a](2) da atribuição do [Cap 16], alterada pela Lei [no106] de 1992). A subsecção (6) desta lei aboliu a dicotomia entre as receitas minerais do petróleo em terra, para efeitos da secção 4a(2), e as receitas minerais do petróleo, para efeitos da secção 4a(2), foram atribuídas à comissão para o desenvolvimento das áreas de produção de petróleo. Uma vez que o n.º 2 do artigo 162.º da Constituição de 1999 era a disposição aplicável quando o Supremo Tribunal decidiu a ação em causa, considera-se benéfico reproduzir a seguir o texto atual das disposições relevantes que dizem respeito à distribuição das receitas federais.

"162(1) O Governo Federal deve manter uma conta especial denominada "Conta da Federação", na qual devem ser pagas todas as receitas cobradas pelo Governo da Federação, exceto as receitas do imposto sobre o rendimento pessoal do pessoal das forças armadas da Federação, da Força Policial da Nigéria, do Ministério ou departamento do governo responsável pelos Negócios Estrangeiros e dos residentes do Território da Capital Federal, Abuja.

(2) O Presidente, após receber o parecer da Comissão de Atribuição de Receitas e Fiscalidade, apresenta à Assembleia Nacional propostas para a atribuição de receitas da Conta da Federação e, ao determinar a fórmula, a Assembleia Nacional tem em conta os princípios de atribuição, especialmente os da população, da igualdade dos Estados, da geração de receitas internas, da massa terrestre, do terreno e da densidade populacional.

É pertinente notar que o regime jurídico que rege a propriedade do petróleo e do gás mineral é o seguinte

a.   A Constituição da República Federal da Nigéria.

b.   Lei sobre a utilização de terrenos (Cap.1.5) Vol.8 LFN 2004

c.   Lei dos Minerais e das Minas (M12) Vol.9 LFN 2004[59]

d.   A Lei do Petróleo (P10) Vol.13 LFN 2004

e.   Afetação das receitas [princípios de aplicação da dicotomia] Lei da abolição, 2004

5.3 A **CONSTITUIÇÃO DA REPÚBLICA FEDERAL DA NIGÉRIA** A Nigéria herdou um legado colonial em que a propriedade e o controlo dos recursos minerais estavam confiados à Coroa em Inglaterra.

Devido aos desenvolvimentos constitucionais que conduziram à independência do país em outubro de 1960, a Coroa foi substituída pelo governo federal, que assumiu a soberania sobre os recursos de

---

58 *N.o 23 de 1992*
59 *Secção 3 da Lei dos Minerais de 1946 Cap.121 Leis da Federação da Nigéria e Lagos (1958) Ver também: Secção 2 da Lei dos Óleos Minerais de 1914 Leis da Federação da Nigéria.*
Secção 40(3) da Constituição da República Federal da Nigéria de 1999.

petróleo mineral, anteriormente atribuídos à Coroa. Esta situação afectou outras legislações coloniais, como, por exemplo, o Decreto sobre o Petróleo Mineral de 1944, que atribuía a propriedade e o controlo de todos os minerais e óleos minerais da colónia. A reivindicação da propriedade e do controlo absolutos dos recursos minerais após a independência da Nigéria foi considerada na Constituição Republicana, em virtude do n.º 6 do artigo 140:

todos os minerais, sólidos ou petrolíferos, encontrados na plataforma continental de uma região da Nigéria, pertenciam exclusivamente a essa região para efeitos de exploração de minerais, incluindo o petróleo, a plataforma continental de uma região era considerada parte dessa região.[60]

No entanto, esta disposição foi mais tarde revogada pelo *Offshore Oil Revenue Act[61]* , onde os direitos das regiões sobre os seus minerais e a sua plataforma continental, incluindo royalties, rendas e outras receitas derivadas ou relacionadas com a exploração, prospeção e pesquisa, obtenção e exploração de petróleo a partir das fronteiras marítimas dos Estados, passaram a ser da competência do Governo Federal.

Em 1979, surgiu outra Constituição e *a Secção 40* da *Constituição de 1979* afirmava a propriedade dos recursos minerais do petróleo no Estado.

A Constituição também incluiu as minas e os minerais, incluindo os campos petrolíferos, a extração de petróleo, os estudos geológicos e o gás natural nas listas legislativas exclusivas.[62]

O poder exclusivo do Estado de possuir, controlar e regular as actividades de exploração de minerais, petróleo, gás e produtos sólidos é também afirmado pela Constituição da República Federal da Nigéria de 1999.

O n.º 3 da secção 44 estabelece o seguinte

Não obstante as disposições precedentes desta secção, toda a propriedade e controlo de todos os minerais, petróleo mineral e gás natural, em, sob ou sobre qualquer terra na Nigéria ou em, sob ou sobre as águas territoriais e a zona económica exclusiva da Nigéria, devem ser atribuídos ao Governo da Federação e devem ser geridos da forma que possa ser prescrita pela Assembleia Nacional.[63]

---

60 *A Nigéria tornou-se uma República em 1963, pelo que a Constituição passou a ser designada por Constituição Republicana.*
Ver: Avuru A. Indigenous Participation Upstream: The Challenges and Prospects.
Ojomo M.A. Ownership of Mineral Oil and the Land Use Act, Nigeria Current Law Review (1982) Pg.330-340.
Eweje G. Nigeria and Oil: Global Issues. Departamento de Gestão e Negócios Internacionais, Faculdade de Estudos Empresariais, Universidade de Auckland, Nova Zelândia.
Mike O e Suleiman N. Petroleum in Nigeria: Legal, Economic and Political Issues. Greenworld Publishing Company Ltd., Jos, Nigéria, 1ª Edição (2007).
61 Lei das receitas petrolíferas offshore (registo e subvenções) (Cap.11) Vol.13 LFN 2004.
53 *Ver Secção 40 da Constituição de 1979, atualmente Leis da Federação da Nigéria de 2004*
54 *Atualmente, esta situação está prevista na Constituição da República Federal da Nigéria de 1999.*

Os efeitos combinados destas leis operam no sentido de conferir a propriedade e a posse dos recursos minerais ao Governo Federal da Nigéria, onde quer que se encontrem, seja no mar, em terra, nas águas territoriais, na zona económica exclusiva ou na plataforma continental.

É de notar que a Zona Económica Exclusiva é um regime de recursos do mar que foi criado pela Lei da Zona Económica Exclusiva[64] que foi concedida aos Estados costeiros ao abrigo do direito internacional pela Convenção das Nações Unidas sobre o Direito do Mar, 1982.

5.4 A LEI DO PETRÓLEO

A Lei do Petróleo de 2004 revogou a maior parte das disposições anteriores, que tinham início entre 1914 e 1958. As razões para tal foram o facto de não serem abrangentes. No entanto, o preâmbulo desta lei afirmava:

Lei que prevê a exploração de petróleo nas águas territoriais e na plataforma continental da Nigéria e que atribui ao Governo Federal a propriedade e todas as receitas onshore e offshore dos recursos marinhos daí provenientes, bem como todas as outras questões conexas.

O n.º 1 da secção 1 estabelece:

A propriedade e o controlo totais de todo o petróleo existente em, sob ou sobre qualquer terreno a que se aplique a presente secção serão atribuídos ao Estado.

A secção 1(2) aplica-se a todos os terrenos, incluindo os terrenos cobertos por água que

a.   Está na Nigéria ou

b.   se encontra nas águas territoriais da Nigéria ou

c.   Faz parte da plataforma continental.

Mais uma vez, o objetivo desta legislação é apropriar-se de toda a propriedade e controlo de todo o óleo mineral (petróleo) encontrado na Nigéria e nas suas águas e atribuí-lo ao Governo Federal da Nigéria.

5.5 LEI DOS MINERAIS E DAS MINAS

Tudo começou com a promulgação do Decreto sobre o Petróleo Mineral de 1914, muito antes da independência da Nigéria. Foi promulgada para regular o direito de procurar, obter e explorar petróleo mineral. A lei foi posteriormente alterada pelo Mineral Act de 1946, que concedeu o direito de procurar e obter direitos de exploração e produção a súbditos e empresas britânicas.

---

64 *Lei da Zona Económica Exclusiva (E17) Vol.6 LFN 2004 A Zona Económica Exclusiva é uma conceção de Direito Internacional que resultou de várias sessões da Conferência das Nações Unidas sobre as Leis do Mar (UNCLOS). A Zona é descrita como uma área do mar que se estende até 370,65kms em relação à qual um Estado costeiro pode exercer direitos soberanos com o objetivo de explorar, explorar, conservar e gerir os recursos naturais.*

Por fim, era a Coroa que controlava todos os óleos minerais.[65] Quando a Nigéria alcançou a independência, em 1960, foram introduzidas novas alterações por Lei e Decretos, de acordo com quem estava no comando do Governo Federal. (Civil ou Militar).

A Secção 1(1) da Lei dos Minerais e das Minas estabelece:

Toda a propriedade e controlo de todos os minerais em, sob ou sobre qualquer terra na Nigéria, a sua plataforma continental contagiosa e todos os rios, riachos e cursos de água em toda a Nigéria ou qualquer área coberta por águas territoriais ou plataforma continental, a Zona Económica Exclusiva é e será investida no Governo da Federação, para e em nome do povo da Nigéria.

1.   A partir do início desta data, as terras devem ser adquiridas pelo Governo da Federação da Nigéria em conformidade com as disposições da Lei de Uso do Solo e o Ministro pode, de tempos a tempos, com a aprovação do Conselho Executivo Federal, designar essas terras como terras de estudo.

A essência desta legislação é mostrar a extensão da propriedade e do controlo do petróleo e do gás mineral pelo governo federal.

5.5 A LEI DA UTILIZAÇÃO DOS SOLOS

Antes de 1978, a Nigéria tinha um sistema dual de propriedade fundiária. Nos Estados do Norte, o Governo Regional tinha promulgado a Lei da Posse da Terra de 1962, que substituiu o Decreto sobre a Terra e os Direitos dos Nativos de 1916.

Na Região Norte, o único interesse que uma pessoa individual podia ter sobre a terra era o direito de ocupação e o título de uso e ocupação da terra. O objetivo da legislação era despojar os nativos da propriedade das suas terras e atribuí-la à Autoridade Nativa. Nos Estados do Sul, que incluíam Lagos, Sudeste, Sudoeste e Centro-Oeste, subsistia um sistema comunal de propriedade da terra. Era através desta unidade de propriedade fundiária que existia a propriedade privada da terra através de concessões, vendas e partilhas. [66]

Para pôr fim a este sistema direto de propriedade e posse da terra, o Governo Federal promulgou o Decreto sobre o Uso da Terra (mais tarde Lei), aplicável em toda a Federação. O preâmbulo desta lei atribui todas as terras no território de cada estado da Federação ao Governador desse estado, devendo as terras ser mantidas em confiança e administradas para uso de todos os nigerianos.

O Governador é responsável pela atribuição de terrenos em todas as zonas urbanas a residentes individuais no Estado. Disposições semelhantes no que respeita às zonas não urbanas são da

---

65 Secção 6(1) (a) Lei sobre Minerais e Minas (M12) Vol.9 LFN 2004.
66 (Cap. 1.5) Vol.8 LFN 2004

competência das autarquias locais.

As terras no Território da Capital Federal e todas as outras terras detidas pelo Governo Federal em qualquer estado da Federação pertencem ao Governo Federal. O efeito desta lei é que as terras que contêm petróleo mineral só podem ser atribuídas ao Governador ou ao Governo Federal. A Lei sobre a Utilização de Terras é uma das leis que confere ao governo a propriedade e o controlo das terras. Antes da lei, as empresas petrolíferas e de gás pagavam normalmente uma indemnização aos proprietários de terras pela prospeção e exploração dos recursos minerais. Esta situação alterou-se com a entrada em vigor da lei relativa à utilização das terras. O único direito que assiste aos proprietários de terras é a indemnização pelas benfeitorias realizadas na terra e não a terra em si.

A lei tornou-se muito importante e faz agora parte da Constituição:

Sob reserva das disposições da Constituição, uma lei existente produz efeitos com as alterações necessárias para a tornar conforme às disposições da presente Constituição e é considerada como

...

(5) Nenhuma disposição da presente Constituição invalida os seguintes actos legislativos, a saber[67]

A Lei de Uso da Terra e as disposições desta promulgação continuarão a aplicar-se e a ter pleno efeito de acordo com o seu mandato e na mesma medida, como quaisquer outras disposições que façam parte desta constituição e não serão alteradas ou revogadas, exceto em conformidade com as disposições da Secção 9(2) desta constituição.

O n.º 2 da secção 9 estabelece:

(1)   A Assembleia Nacional pode, sob reserva das disposições das presentes secções, alterar qualquer das disposições da presente Constituição.

(2)   um ato da Assembleia Nacional destinado a alterar a presente Constituição, que não seja um ato ao qual se aplique o artigo 8.º da presente Constituição, não pode ser aprovado em nenhuma das Câmaras da Assembleia Nacional, a menos que a proposta seja aprovada pelos votos de uma maioria não inferior a quatro quintos de todos os membros de cada Câmara e também aprovada por resolução das Câmaras da Assembleia de não menos de dois terços de todos os Estados.

A implicação das disposições acima referidas é clara: os princípios da administração fundiária são fixados constitucionalmente e não podem ser facilmente alterados. Um proprietário de terras não pode acordar um dia e encontrar um depósito de hidrocarbonetos ou de gás nas suas terras e reclamar a propriedade exclusiva desses depósitos minerais. Em virtude da Lei de Uso do Solo, os recursos minerais encontrados pertencem ao Governo, mesmo que o proprietário tenha um certificado de

---

67 Secção 315(5)(d) Lei do Uso do Solo (Cap 1.5)Vol8 LFN 2004

ocupação válido, o certificado não confere um título válido ao titular. O Supremo Tribunal da Nigéria expressou especificamente esta opinião *de que um Certificado de Ocupação, embora validamente emitido, pode não valer mais do que uma folha de papel comum.*[68]

Este acórdão desmistificou efetivamente o argumento de que os títulos adquiridos ao abrigo da Lei de Utilização dos Solos são absolutos. Uma pessoa pode ser titular de um certificado de ocupação sem ter qualquer interesse na terra sobre a qual foi concedido. De facto, as agitações no Delta do Níger pelo controlo dos recursos têm a ver com a revogação da Lei de Uso da Terra, a Lei do Petróleo, uma disposição da Constituição que confere a propriedade dos recursos ao Governo Federal. Preocupado com os obstáculos enfrentados pelos nigerianos na aquisição de terrenos para construção, agricultura e outros fins, o falecido Presidente Umar Musa Yar'adua enviou um projeto de lei à Assembleia Nacional, solicitando 14 alterações à Lei da Utilização dos Solos.

O projeto de lei, Land Use (Amendment) Act 2009, visa conferir a propriedade das terras aos titulares de direitos consuetudinários de propriedade. A alteração destina-se a permitir que os agricultores utilizem as terras como garantia de empréstimos para a agricultura comercial.

Especificamente, o projeto de lei propunha alterar a Lei da Utilização dos Solos, restringindo a exigência do consentimento do governador nas transacções de terrenos [no que diz respeito ao consentimento para ceder]. As alterações propostas dizem respeito às secções 5, 7, 15, 21, 22, 23 e 28 da lei. O efeito da alteração tornaria desnecessário o consentimento do governador para hipotecas, arrendamentos e outras transferências de terras, a fim de tornar as transacções de terras menos complicadas. É, no entanto, de notar que as alterações não conferem a qualquer indivíduo o direito de reivindicar a propriedade e o controlo dos recursos minerais. Estes continuam a pertencer ao Governo Federal, tal como reforçado pela Secção 14 da Lei, que afirma

Sujeito às outras disposições desta Lei e de quaisquer outras leis relativas a folhas de caminho para prospeção de minerais ou óleo mineral ou para mineração ou para oleodutos e sujeito aos termos e condições de qualquer contrato feito ao abrigo da secção 8 desta Lei, o ocupante terá direito exclusivo à terra, sujeito ao direito legal de ocupação contra todas as pessoas que não o Governador.

O efeito da lei é alienar o controlo, a autoridade e a propriedade da terra e do seu conteúdo mineral dos proprietários tradicionais. Em geral, espera-se que esta lei suscite reacções de diferentes segmentos da sociedade. Uma dessas reacções foi a seguinte:

O principal problema que as várias comunidades do Delta do Níger têm com a Lei de Uso da Terra é que a lei só reconhece o que chamamos de 'Direitos de Superfície'. Não reconhece os direitos

---

68. *Ogunlaye vs Oni.Oop Cit*

destas comunidades abaixo da superfície. Por outras palavras, quando existem minerais e outros recursos debaixo do solo, estes não são reconhecidos. Por isso, os países e as comunidades do Delta do Níger, entre os quais os Estados do Sul da Nigéria, estão a pedir a revogação total da lei.[69]

Outra reação importante veio da Comissão Presidencial para as Reformas da Constituição de 1999:

Uma das peças legislativas mais controversas da Nigéria é a Lei de Uso da Terra de 1978, que procurava harmonizar os vários sistemas de posse de terra no país e, assim, facilitar a aquisição de terras para fins públicos. Desde então, várias controvérsias, desacordos e decisões judiciais têm acompanhado a aplicação das disposições da lei. Os nigerianos defendem que o direito do povo à propriedade da terra é um direito inalienável, que o governo não pode, sob qualquer pretexto, retirar ao povo.

Em resumo, a Lei de Uso do Solo continua a ser uma legislação utilizada pelo Governo Federal no controlo e na propriedade dos recursos minerais existentes na terra e no seu subsolo.

A soberania do Estado e os princípios da igualdade soberana dos Estados incluem o direito de regular o investimento estrangeiro e o direito de nacionalizar o investimento estrangeiro, desde que seja paga uma indemnização imediata e adequada por qualquer propriedade nacionalizada. (Secção 40(1) da Constituição).

desde que o princípio da derivação se reflicta constantemente em qualquer fórmula aprovada como não sendo inferior a treze por cento das receitas que revertem para a conta da federação diretamente de quaisquer recursos naturais" não é feita qualquer menção a áreas "Offshore" ou "Continental Shelf" nesta disposição).

5.7 LEI DE 2004 RELATIVA À AFECTAÇÃO DAS RECEITAS [SUPRESSÃO DA DICOTOMIA NA APLICAÇÃO DOS PRINCÍPIOS DE DERIVAÇÃO].

Secção 1

[1] A partir do início desta Lei, os 200 metros de profundidade de água contíguos a um Estado da Federação serão considerados como parte desse Estado para efeitos de cálculo das receitas provenientes desse Estado para a Conta da Federação, em conformidade com as disposições da Constituição da República Federal da Nigéria de 1999 ou de qualquer outra lei

[2] Por conseguinte, para efeitos da aplicação do princípio da derivação, é irrelevante o facto de as receitas de um Estado que dão entrada na conta da Federação serem provenientes de recursos naturais situados em terra ou no mar.

---

69 *Op Cit , Aboyede dirigiu o Comité Presidencial para a reforma da Constituição de 1999 na Nigéria*

As disposições acima referidas conferem claramente ao Governo Federal o poder de calcular as receitas que revertem para a Conta da Federação, quer onshore quer offshore, e de determinar a forma como essas receitas devem ser partilhadas em conformidade com o ato legislativo.

A segunda ação foi intentada por todos os 19 Estados do Norte da Nigéria em conjunto com três Estados do Sudoeste da Nigéria. A ação foi intentada contra os Procuradores-Gerais da Federação, juntamente com os Procuradores-Gerais dos oito estados litorais. Também foi processada a Comissão de Mobilização de Receitas, Atribuição e Fiscalidade como o 10th réu. O réu 10th foi, no entanto, excluído no decurso do processo, uma vez que, não sendo um Estado, não estava sujeito às disposições da secção 232 da Constituição de 1999. Os queixosos alegaram, inter alia, o seguinte;

1.   Declaração de que a Lei de 2004 relativa à afetação das receitas (abolição da dicotomia na aplicação do princípio da derivação) é inconstitucional ultra vires e, por conseguinte, nula e sem efeito.

2.   Ordenar aos recorridos que ponham termo imediatamente à aplicação e ao recurso à referida Lei de 2004 relativa à repartição das receitas (supressão da dicotomia na aplicação do princípio da derivação).

3.   Uma injunção que impeça os 2 -9ndth réus, por si próprios, pelos seus agentes ou por qualquer outra pessoa ou pessoas que por eles obtenham autoridade, de beneficiarem, insistirem ou de qualquer outra forma tentarem obter vantagens da ou ao abrigo da ou na referida Lei de 2004 relativa à repartição das receitas (abolição da dicotomia na aplicação do princípio da derivação).

4.   Um despacho que anula e torna sem efeito a referida Lei de 2004 relativa à afetação de receitas (abolição da dicotomia na aplicação do princípio da derivação).

A ação do queixoso foi recebida com alvoroço em muitas partes do país, em particular na região do Delta do Níger, e todas as tentativas de persuadir os queixosos a compreenderem a enormidade da situação económica e ecológica dos Estados costeiros foram rejeitadas, ou assim pareceu aos Estados do litoral. As tentativas de soluções políticas também falharam, a ação dos queixosos foi muito mal compreendida pelos Estados do litoral que, infelizmente, não são versados na arte da política, bem como na arte de negociar.

A certa altura, foi dito que um estado do sudoeste, já listado como um dos queixosos, tinha renunciado à ação, mas até à altura da audiência e do julgamento, nenhum desses estados queixosos apareceu para se dissociar da ação nem para desafiar a autoridade do advogado dos queixosos de forma alguma. Isto deveu-se provavelmente ao facto de terem compreendido claramente que a ação intentada tinha um significado diferente daquele que os Estados do litoral supunham. A ação foi apresentada para audiência a 29 de setembro de 2005. Cada um dos primeiros, 2nd e 7th réus (ou seja, o Governo Federal, o Estado de Akwa Ibom e o Estado de Ogun, respetivamente) levantaram objecções.

1.   Que os demandantes não tinham o locus standi para instituir a ação.

2.   Que os queixosos estavam impedidos de intentar a ação.

3.   Que os queixosos não revelaram qualquer causa de pedir.

4.   Que a ação foi indevidamente constituída

5.   Que alguns parágrafos, em particular os parágrafos 9, 10 e 11 da declaração juramentada em apoio da citação originária violavam as disposições da secção 87 da Lei sobre Provas.

É instrutivo notar que as objecções levantadas foram cuidadosamente consideradas pelo Supremo Tribunal e cada uma delas foi devidamente rejeitada. No que se refere ao locus standi, o Tribunal afirmou que, nos termos do artigo 162º (3), (4) e (5) da Constituição de 1999, se alguma ação estivesse a ser tomada ou tivesse sido tomada para afetar os seus interesses na Conta da Federação, certamente teriam locus standi para processar.

Quanto ao impedimento, o Tribunal afirmou que o facto de os membros da Assembleia Nacional, na qualidade de representantes de todos os Estados da Federação, terem aprovado uma lei (Lei) não impede que um Estado ou alguns Estados contestem posteriormente a validade da Lei. O n.º 1 do artigo 232.º da Constituição permite que qualquer Estado que tenha uma controvérsia ou um litígio com o Governo federal intente uma ação no Supremo Tribunal e o princípio da preclusão não pode ser aplicado para impedir esse Estado de intentar uma ação.

A questão do impedimento foi levantada pelos 1st e 2nd réus (ou seja, o Governo Federal e o Estado de Akwa Ibom). Relativamente a esta questão, os arguidos argumentaram que a Federação da Nigéria era regida por princípios democráticos que incluíam o princípio da representação. A Assembleia Nacional estava no ápice da governação representativa da Nigéria. Todos os estados da Nigéria tinham os seus representantes que eram vinculativos para os estados que representavam. Por conseguinte, uma vez que os queixosos, através dos seus representantes na Assembleia Nacional, tinham consentido na aprovação de uma lei, estavam impedidos de contestar a própria lei que tinham sancionado. Foi ainda alegado que os queixosos, tendo-se juntado, através dos seus respectivos representantes, à aprovação do projeto de lei, não podiam depois manter uma posição contrária, nomeadamente, que a lei, tal como aprovada, era ilegal ou incondicional. Mais uma vez, foi alegado que os seus respectivos representantes na Assembleia Nacional eram agentes dos queixosos, e que quando uma pessoa apresenta outra como agente, embora não exista de facto tal agência, a outra pessoa será impedida de negar a existência da autoridade do agente para agir em seu nome - tal relação cria uma agência por impedimento.

Uwais CJN, ao rejeitar este argumento, afirmou:

Há uma falácia neste argumento. É verdade que os membros da Assembleia Nacional foram eleitos para a Assembleia como membros, mas não podem ser descritos como membros de todos os Estados, porque cada membro, seja como senador ou mesmo como representante do seu Estado, não foi eleito por todo o Estado, mas por uma parte dele e, embora eleito, pode não ter recebido votos de todos os eleitores do seu círculo eleitoral. Esses membros podem ou poderiam ter-se oposto à aprovação da lei de 2004. Nesse caso, podem os seus Estados ser considerados responsáveis pela aprovação da lei?[70]

---

[70] Registado em (2005) 18 NWLR (pt 958) 581.

CAPÍTULO 6

6.1 A POLÍTICA DA DICOTOMIA PETRÓLEO ONSHORE/OFFSHORE

Politicamente, os estados litorais constituem oito dos 36 estados da federação, ou seja, 22%. Em termos populacionais, representam cerca de 26% da população da Nigéria. Geograficamente, a área constitui cerca de 7,5% da massa terrestre da Nigéria. Dos 774 conselhos governamentais locais, os estados do litoral têm 168 conselhos governamentais locais, provavelmente cerca de 21%.

No órgão legislativo máximo, os Estados litorais têm 24 dos 109 senadores (22%), enquanto na Câmara dos Representantes têm 87 dos 360 membros (24%). Em média, a zona constitui 1/5 do músculo político, o que não é significativo para ter peso em qualquer tipo de negociação. Por conseguinte, é imperativo fazer alianças com outras zonas ou deixar de fazer ameaças desnecessárias e reunir-se em conferência com todas as unidades políticas componentes para chegar a uma solução razoável.

O governo federal tomou a iniciativa de encontrar uma solução política, enviando um projeto de lei à Assembleia Nacional. O projeto de lei tinha o título;

Um projeto de lei que visa abolir a dicotomia na aplicação dos princípios de derivação para efeitos de repartição das receitas provenientes da conta da federação e para questões conexas.

O projeto de lei substitui o artigo 16° do Decreto 106 de 1992, que também aboliu a dicotomia onshore/offshore, mas que foi declarado incompatível com a Constituição de 1999 pelo Supremo Tribunal.

O objetivo do projeto de lei era considerar a zona contígua dentro do limite marítimo das águas territoriais nigerianas como parte do Estado costeiro para efeitos de cálculo das receitas que revertem para a conta da federação a favor dos Estados.

O projeto de lei, que foi devidamente assinado,[71] alargou a Zona Territorial e Contígua dos Estados costeiros a 24 milhas náuticas e a 200 metros de profundidade de água para efeitos de derivação de receitas.

Dois Estados da Nigéria que beneficiam da lei são os Estados de Akwa Ibom e Ondo, cujos poços de petróleo se situam maioritariamente no mar, como já foi referido.

Section 1   desde que,

A partir do início da presente lei, a Plataforma Continental e a Zona Económica Exclusiva de um Estado da federação serão consideradas parte desse Estado para efeitos de cálculo das receitas

---

71 *Em 24 de fevereiro de 2004, pelo antigo Presidente Olusegun Obasanjo*

desse Estado para a conta da federação, em conformidade com as disposições da Constituição da República Federal da Nigéria de 1999 ou de qualquer outra lei.

Section 2   fornece,

Por conseguinte, para efeitos da aplicação do princípio da derivação, é irrelevante o facto de as receitas de um Estado que entram na conta da federação serem provenientes de recursos naturais situados em terra ou no mar.

A lei de revogação onshore/offshore acima referida parece ter resolvido a questão das receitas provenientes do offshore a favor dos Estados litorais. No entanto, isto está longe de ser verdade e a questão está longe de estar resolvida. O projeto de lei original enviado à Assembleia Nacional descrevia a Plataforma Continental de 24 milhas náuticas como pertencente aos Estados litorais para efeitos de derivação, mas a Assembleia Nacional preparou uma armadilha para o Presidente, alargando a Plataforma Continental a 200 milhas náuticas a partir da linha de base, em oposição às 24 milhas náuticas do Presidente.

A implicação política da ação da Assembleia Nacional era suscetível de fazer colidir os interesses da Nigéria com os de outros países. Este facto irá certamente desencadear muitos conflitos. Especificamente, os interesses dos Estados costeiros ou litorais colidirão com os de São Tomé e Príncipe. O direito internacional não reconhece os interesses de unidades políticas dentro de um país, especialmente quando entram em conflito com os interesses de um Estado soberano.

Quem quer que tenha aconselhado a Assembleia Nacional a estender a Plataforma Continental e a Zona Económica Exclusiva contígua a um Estado, para fazer parte desse Estado litoral para efeitos de cálculo das receitas da conta da federação, a esse Estado costeiro não tem qualquer interesse na existência corporativa da Nigéria. Felizmente, o Presidente recusou-se a aceder ao projeto de lei até que este fosse alterado de modo a que, para efeitos de derivação, os Estados litorais tivessem direito a receitas provenientes das 24 milhas náuticas.

Isto era mais realista porque a maior parte da produção petrolífera offshore da Nigéria se situava dentro das 24 milhas náuticas da sua costa marítima.

É de notar que a Zona Económica Exclusiva da Nigéria também colide com a da República de São Tomé e Príncipe. A fim de evitar conflitos de interesses, os dois países celebraram um acordo para abrir uma zona de desenvolvimento conjunta que ajuda a evitar qualquer potencial conflito que possa surgir. O acordo foi ratificado pela Assembleia Nacional e aprovado como.

Uma lei para permitir que seja dado efeito na República Federal da Nigéria ao tratado entre a República Federal da Nigéria e a República Democrática de São Tomé e Príncipe e outros recursos em áreas da zona económica exclusiva dos dois estados e para fins relacionados.[72]

Considerando que a Convenção das Nações Unidas sobre o Direito do Mar, assinada em Montego Bay em 10[th.] de dezembro de 1982 e, em particular, o n° 3 do artigo 74°, que exige que os Estados com costas opostas, num espírito de compreensão e cooperação, envidem todos os esforços, na pendência de um acordo sobre a demarcação, para estabelecer disposições provisórias de natureza prática que não prejudiquem ou dificultem a obtenção de um acordo final sobre a delimitação das suas zonas económicas exclusivas

E considerando que a Nigéria é um Estado membro da União Africana e signatário do tratado entre a Nigéria e a República Democrática de São Tomé e Príncipe sobre o desenvolvimento conjunto de petróleo e outros recursos nas áreas da Zona Económica Exclusiva dos dois Estados; e considerando que o Governo da República Federal da Nigéria, em conformidade com o seu processo constitucional, ratificou o referido tratado entre a República Federal da Nigéria e a República Democrática de São Tomé e Príncipe sobre o desenvolvimento conjunto do petróleo e de outros recursos conexos nas áreas da zona económica exclusiva dos dois Estados, 23, julho de 2001e considerando que é necessário e conveniente promulgar uma lei que permita a aplicação do tratado entre a República Federal da Nigéria e a República Democrática de São Tomé e Príncipe sobre o desenvolvimento conjunto do petróleo e de outros recursos conexos nas zonas da CEE dos dois Estados na República Federal da Nigéria.

Por conseguinte, a Assembleia Nacional da República Federal da Nigéria promulga a presente lei.[73]

É de notar que, na zona,

Os Estados Partes controlam conjuntamente a prospeção e a exploração dos recursos com vista a obter uma utilização comercial óptima, na proporção de: Nigéria 60%, São Tomé e Príncipe 40%. Todos os benefícios e obrigações decorrentes das actividades de desenvolvimento levadas a cabo na zona em conformidade com o tratado.[74]

Nenhuma atividade de desenvolvimento deve ser conduzida ou permitida na zona, exceto em conformidade com o tratado.[75]

Os direitos e as responsabilidades dos Estados Partes no desenvolvimento da zona serão exercidos pelo conselho e pela autoridade em conformidade com o presente Tratado.[76]

---

72 *28 de fevereiro de 2005, Ato. Tratado entre a República Federal da Nigéria e a República Democrática de São Tomé e Príncipe sobre o desenvolvimento conjunto de petróleo e outros recursos nas áreas da ZEE dos dois Estados (Ratificação e execução)*, Lei de 2005
73 *A lei pode ser citada como;*
65 *Artigo 3°, n° 1*
66 *Artigo 3°, n° 2*
67 *Artigo 3°, n° 3*

Os recursos petrolíferos e outros da zona devem ser explorados eficazmente em conformidade com o presente Tratado, tendo devidamente em conta a proteção do ambiente marinho e de forma coerente com as boas práticas geralmente aceites nos campos petrolíferos e nas pescas.[77]

Sob reserva do disposto no n.º 4, o conselho e a autoridade tomarão todas as medidas necessárias para permitir o início da prospeção e exploração dos recursos petrolíferos da zona o mais rapidamente possível após a entrada em vigor do presente Tratado.[78]

Nenhuma disposição do presente tratado poderá ser interpretada como uma renúncia a qualquer direito ou reivindicação relativa à totalidade ou a qualquer parte da zona por qualquer dos Estados Partes ou como um reconhecimento da posição dos outros Estados Partes relativamente a qualquer direito ou reivindicação relativa à zona ou a qualquer parte da mesma.[79]

Nenhum ato ou atividade resultante do presente tratado ou da sua aplicação, nem nenhuma lei em vigor na zona por força do presente tratado, pode ser invocado como base para afirmar, apoiar ou negar a posição de qualquer dos Estados Partes no que respeita a direitos ou reivindicações sobre a zona ou qualquer parte da mesma.[80]

Com base no Acordo de Desenvolvimento Conjunto (ADC) acima referido, qual seria a viabilidade de a Assembleia Nacional conceder a Plataforma Continental e a Zona Económica Exclusiva como parte dos Estados litorais? A implicação legal resultante de qualquer conflito que seja contestado no Tribunal Internacional de Justiça, juntando uma Unidade ou Estado componente, parecerá insustentável e ridícula. Consideremos este cenário: República Democrática de São Tomé e Príncipe contra República Federal da Nigéria e Estado de Akwa Ibom, Estado de Rivers, Estado de Bayelsa, etc.

O que é que o Tribunal Internacional de Justiça tem a ver com os Estados componentes numa questão entre duas nações soberanas? Poderão os Estados componentes ser associados como partes no processo, uma vez que também são partes interessadas, tendo em conta os seus interesses fiscais de receitas derivadas do offshore? a implicação jurídica e política é melhor imaginada.

Foi provavelmente devido a este perigo que o Presidente se recusou a assinar o projeto de lei. Este facto também levou os Estados não litorais a gritarem. Teria sido política e economicamente perigoso para a existência corporativa da Nigéria.

O facto de 13% das receitas serem pagas aos Estados litorais mostra a tolerância dos Estados não litorais ou sem litoral para com a situação dos Estados litorais, mas quando o aperto de mão vai para

---

68 *Artigo 3º, nº 4*
78 Artigo 3º, nº 5
70 Artigo 4º, nº 1
80 Artigo 4.º, n.º 2

além do cotovelo, então é outra coisa.

Outra questão a considerar é a legalidade da lei de revogação aprovada pela Assembleia Nacional. A questão é simples. Quando o Supremo Tribunal se pronuncia sobre uma questão constitucional, como aconteceu no caso *ATTORNEY GENERAL OF THE FEDERATION v ATTORNEY GENERAL OF ABIA STATE, AND 35 OTHERS*[81] , por exemplo, sobre a secção 162 (1(2)), o que a Assembleia Nacional deve fazer são duas coisas,

(a) Eliminar o obstáculo constitucional e elaborar uma nova legislação, por exemplo, eliminar a derivação da Constituição de 1999 e introduzir uma disposição semelhante ao artigo 134º da Constituição de 1960 e ao artigo 140º da Constituição de 1963, que concedia a plataforma continental da Nigéria às regiões para efeitos de derivação, numa adenda ou numa subsecção do artigo 162º da Constituição de 1999.

Nessa altura, será constitucionalmente legal que os Estados litorais usufruam das receitas da zona. A segunda opção consiste em alterar a Constituição tal como está e adotar nova legislação sobre o regime offshore.

A conclusão é que ambas as opções requerem que a Assembleia Nacional altere a Constituição em vigor, o que seria feito ao abrigo da secção 9 da Constituição de 1999.

1.   A Assembleia Nacional pode, sob reserva do disposto na presente secção, alterar qualquer das disposições da presente Constituição.

2.   Uma lei da Assembleia Nacional para alterar esta Constituição, que não seja uma lei à qual se aplique a secção e desta Constituição, não será aprovada em nenhuma das Câmaras da Assembleia Nacional, a menos que: A proposta seja apoiada pelo voto de uma maioria não inferior a [2/3] dois terços de todos os membros dessa Câmara e aprovada por uma resolução das Câmaras da Assembleia de não menos de dois terços de todos os estados.

3.   Uma lei da Assembleia Nacional com o objetivo de alterar as disposições da presente secção, da secção 8 ou do capítulo iv da presente Constituição não pode ser aprovada por nenhuma das Câmaras da Assembleia Nacional, a menos que a proposta seja aprovada pelo voto de uma maioria não inferior a quatro quintos de todos os membros de cada Câmara e também aprovada por resolução da Câmara da Assembleia de não menos de dois terços de todos os Estados.

A questão aqui é saber se a alteração constitucional para acrescentar uma disposição para alargar o território dos Estados litorais para incluir a Zona Económica Continental e Exclusiva ou uma legislação inteiramente nova através de uma alteração constitucional terá a bênção dos Estados não

---

81 *Op. cit.*

litorais.

A terceira opção poderá talvez ser mais fácil do que as duas opções. Tal implicará a convocação de uma conferência, qualquer que seja o seu nome, nacional, soberana ou das partes interessadas, para elaborar uma nova constituição que reflicta *o acordo do povo da Nigéria*

Sugere-se que o princípio da derivação seja retirado da Constituição, tal como foi feito na Constituição de 1979. A Assembleia Nacional pode então legislar sobre a questão. A este respeito, a tarefa do governo federal é convencer os estados litorais dos méritos de retirar a derivação da constituição e, ao mesmo tempo, dar-lhes um projeto aceitável da legislação que se propõem fazer passar pela Assembleia Nacional com uma garantia de aprovação da legislação.[82]

Mas, mesmo assim, poderá o governo federal conseguir eliminar totalmente a derivação da Constituição?

Como tal, não é de surpreender que, apesar dos seus enormes recursos naturais, a zona do Delta do Níger represente uma das situações extremas de pobreza e subdesenvolvimento. O nível de pobreza é de cerca de 80 por cento e o nível de desemprego é de 70 por cento.[83] Muitas vezes, os seus líderes são culpados pela maior parte da negligência nas áreas. Os fundos não foram utilizados como deviam.

O caminho a seguir era o Governo Federal tomar uma decisão política, bem como medidas económicas para desenvolver a região. Estes esforços começaram com a Comissão Sir Henry Willinks, criada em 1958, que recomendou que a região do Delta do Níger merecesse uma atenção especial devido ao seu terreno difícil. Consequentemente, o Conselho de Desenvolvimento do Delta do Níger (NDDB) foi criado em 1960, com o mandato de gerir as necessidades e os desafios de desenvolvimento da região.

Depois foi dividida em Yenegoa, província do Príncipe Degema, divisão Ogoni da estação 1, divisão Ijaw Ocidental da província do Delta. Com o golpe militar de 1966, o Conselho não teve grande impacto. Em 1979, com o regresso do regime democrático, o governo de Shehu Shagari deu especial atenção ao desenvolvimento das regiões. Shehu Shagari, que criou um grupo de trabalho presidencial, por vezes designado por comité de 1,5%, porque atribuiu 1,5% da conta da Federação para a

---

82 *Steve K.B; Dicotomia onshore/offshore: Questões não resolvidas no projeto de lei de revogação 29 de outubro de 2002.*
83.   *Política Nacional de Erradicação da Pobreza (2006), Nigéria*
Ver também:
Humphrey M. Natural Resources Conflict and Conflict Resolution. Journal of Conflict Resolution, Nigéria (2003).
Shelly T. Oil: Politics, Poverty and the Planet. Zed Book Ltd.(2005).
*Farch D. Delta do Níger envenenado. Washington Post Foreign Service, **18** de maio de 2001*
Relatório da CIA sobre a degradação ambiental do Delta do Níger, 1996-2000. Ejebowah J.B. Majorities and Minorities Claims of Oil Producing Ethnic Minorities of Southern Nigeria (Reivindicações de Maiorias e Minorias das Minorias Étnicas Produtoras de Petróleo do Sul da Nigéria). Trabalho apresentado na Conferência Wilberforce, Buffalo, EUA.

realização de projectos de desenvolvimento. Os militares voltaram a intervir.

Em 1992, o general Ibrahim Babangida, o então presidente militar, criou a Comissão de Desenvolvimento das Áreas Produtoras de Minerais Petrolíferos (OMPADEC). Esta comissão foi extinta em 1999 e o dinheiro que lhe foi afetado foi esbanjado em grande escala. O General Sani Abacha substituiu o General Babangida e introduziu o Fundo Fiduciário do Petróleo (PTF), ao qual foi atribuída uma percentagem do fundo do petróleo para o desenvolvimento. Desta vez, a procura não veio apenas das zonas do Delta do Níger, mas de toda a nação. O fundo era dirigido por um oficial respeitável, honesto e disciplinado e um cavalheiro, o General Muhammed Buhari (rtd).

O impacto do PTF fez-se sentir a nível nacional, apesar das tentativas de o politizar. Em 1999, o General Olusegun Obansajo tornou-se Presidente e, por razões políticas, proibiu o fundo e criou a Comissão de Desenvolvimento do Delta do Níger (NDDC) com o mandato de facilitar o desenvolvimento rápido, equilibrado e sustentável da região do Delta do Níger, transformando-a numa região economicamente próspera, socialmente estável, ecologicamente regeneradora e politicamente pacífica.

A única forma de a direção da comissão atingir o seu objetivo é elaborar um plano diretor para o qual todas as partes interessadas da região devem contribuir. As empresas internacionais de petróleo e gás, a sociedade civil e as agências de desenvolvimento elaboraram um plano diretor para o Delta do Níger que foi aceite como um grande feito. O governo de Obasanjo disponibilizou menos de cem mil milhões de nairas (100 mil milhões) à comissão entre 2001 e 2006, o que representa cerca de oito por cento (8%) menos do que o necessário.

Entre 2006 e 2008, a Comissão angariou cerca de 241 mil milhões de euros através de contribuições das partes interessadas, especialmente das empresas petrolíferas e de gás, mas o montante não foi suficiente para executar a maioria dos seus projectos. O plano diretor regional constitui a plataforma para a injeção maciça de fundos destinados a transformar a região negligenciada. A Comissão seleccionou três grandes projectos no Estado do Delta.

A dicotomia onshore-offshore foi abolida em fevereiro de 2004, após dois anos de rigores legislativos e políticos destinados a encontrar uma solução para um acórdão do Supremo Tribunal de 2002 que afirmava os poderes de controlo do Governo Federal sobre o petróleo derivado do offshore.

Com base na lei, o petróleo extraído no mar fará parte do cálculo da derivação de 13% das receitas atribuídas aos Estados litorais.

A solução política procurada pelo Governo Federal através da promulgação da Lei de 2004 sobre a afetação das receitas (abolição da dicotomia na aplicação do princípio da derivação) não agradou aos Estados não litorais. Em vez de aliviar as tensões de ambos os lados, os Estados litorais e não litorais sentiram-se insatisfeitos. Em primeiro lugar, os Estados litorais consideram a lei como uma vitória de Pirro devido à falta de uma definição e determinação claras da "isóbata" de 200 metros de água contígua aos Estados costeiros, para efeitos de receitas. A sua apreensão é a seguinte: o que acontece quando o petróleo e o gás são descobertos para além da isóbata de 200 metros de água? e também quem vai determinar isso?

Os Estados não litorais, por outro lado, consideraram que a Lei da Abolição cedeu a plataforma continental e a ZEE aos Estados costeiros. Para tal, era necessária uma alteração constitucional e não um decreto legislativo. Consequentemente, os Estados não litorais interpuseram uma ação no Supremo Tribunal para contestar a legalidade da lei e a sua anulação, não com o objetivo de privar os Estados litorais de quaisquer receitas, uma vez que a lei aprovada pela Assembleia Nacional contou também com a bênção dos deputados dos Estados não litorais. Não se teria tornado lei sem o apoio dos representantes dos Estados não litorais ou será que os votos dos deputados dos Estados litorais são suficientes para transformar o projeto em lei? Certamente que não.

É, por isso, malicioso que alguém afirme que o único objetivo da contestação da Lei da Abolição pelos Estados não litorais é privar os Estados litorais de receitas. Conhecendo a verdadeira natureza dos nossos irmãos dos Estados litorais, existe a tendência para interpretar o acórdão como cedendo parte da plataforma continental e da ZEE contígua aos seus Estados costeiros como parte do seu território terrestre, não só para efeitos de receitas provenientes do offshore, mas também a nível administrativo. Para evitar futuros conflitos e possíveis mal-entendidos, é necessário sublinhar a intenção clara do Supremo Tribunal.

Os Estados litorais perderam e o Governo Federal apenas ganhou a batalha legal, mas não a paz, o que levou ao atual recurso à resolução política do impasse.

6.2 IMPLICAÇÕES ECONÓMICAS DA ABOLIÇÃO DA DICOTOMIA PETRÓLEO ONSHORE/OFFSHORE NOS ESTADOS DO LAND LOCK

Todas as receitas provenientes do petróleo onshore e offshore são agrupadas para efeitos de partilha de receitas, com base no princípio da derivação consagrado na Constituição de 1999. Esse valor não é inferior a 13%. A questão aqui transcende o facto de ser justo ou não. Mas, no fim de contas, os Estados litorais obtêm mais receitas do que os Estados não litorais. A implicação económica disto é que os Estados do litoral teriam mais dinheiro à sua disposição do que os Estados não-litorais, para além da criação e financiamento de um Ministério dos Assuntos do Delta do Níger. Tal como o nome indica, é exclusivamente para os Assuntos do Delta do Níger.

Para além disso, existe a Comissão de Desenvolvimento do Delta do Níger, que também é financiada em grande escala pelo governo. Assim, em termos de desenvolvimento social e económico, os

Estados litorais estão mais bem colocados, têm uma vantagem sobre os Estados não litorais.

Se é justo compensar os Estados litorais pelo petróleo encontrado nas suas zonas, também é justo compensá-los pela devastação do seu ambiente. Não há dúvida quanto a isto, sobretudo quando os seus meios de subsistência, a pesca e a agricultura são seriamente comprometidos pela exploração petrolífera e pela poluição.

A questão, porém, é que o aperto de mão não ultrapasse o cotovelo, pois isso favorece a corrupção.

Por exemplo, quando o desenvolvimento não é proporcional ao que foi dado a essas áreas em termos da derivação de 13%, quem é o culpado?

6.3 INTEGRAÇÃO DOS ESTADOS DE ECLUSA TERRESTRE COMO OPÇÃO VIÁVEL DE DESENVOLVIMENTO

Os Estados sem litoral são aqueles que não se encontram perto das costas da Nigéria. É incorreto e malicioso equiparar os Estados litorais e não-litorais a um caso de norte e sul.

Quando se aboliu a dicotomia onshore/offshore em matéria de receitas petrolíferas, partiu-se, erradamente, do princípio de que se tratava de um caso entre o Norte e o Sul. Isto está errado. Dos 36 estados da Nigéria e do Território da Capital Federal, apenas 8 estados constituem os estados litorais. Há estados no Leste e no Oeste que não são estados litorais, apesar de se situarem no Sul da Nigéria.

Os recursos petrolíferos da Nigéria encontram-se maioritariamente nesses oito Estados costeiros.

No entanto, isto não quer dizer que o petróleo e o gás não se encontrem em mais lado nenhum. A Nigéria tem rios e bacias sedimentares que ainda não foram explorados.

O longo regime militar, que teve início em 1966, ao mesmo tempo que criou mais Estados meramente "políticos", avançou, em substância, para um regime unitário, em conformidade com a estrutura de comando unificada do aparelho militar, através da qual os governadores/administradores militares dos Estados eram considerados apenas como postos militares, sem liberdade e poder para seguir linhas políticas, económicas e fiscais federais independentes. Este facto enfraqueceu sistematicamente o conceito de federalismo fiscal na Nigéria.

Muitas vezes, tem sido tentador referir a prática dos Estados Unidos da América nestas matérias. No entanto, o federalismo americano está numa direção paralela à da Nigéria.

Aí, as treze colónias americanas originais, ao receberem as suas cartas, eram inicialmente Estados independentes, cada um controlando os seus próprios assuntos políticos, fiscais, financeiros e económicos. Nessa altura, não existia um governo federal que lhes ditasse o que fazer. Foram eles que, por sua própria iniciativa, decidiram reunir-se sob uma tutela comum (o Governo Federal) para efeitos de defesa externa, relações externas ou estrangeiras, regulamentação da moeda e da cidadania, etc. Assim, os Estados americanos cederam funções e poderes bem definidos ao seu governo comum ou federal, conservando poderes residuais, e não vice-versa, como na Nigéria, nomeadamente durante o longo período militar.

Assim, não há lugar para a dicotomia Onshore/Offshore.

A zona contígua, estabelecida em 1958 pela Convenção das Nações Unidas sobre o Direito do Mar, tem como único objetivo a regulamentação e as operações aduaneiras, fiscais, de imigração e sanitárias.

A questão é a seguinte: Será que a revogação afecta apenas os Estados do Norte? Por que razão os outros Estados não estão preocupados e, na verdade, estão a encorajá-la ativamente, tornando-a um assunto dos Estados do Norte (leia-se do núcleo do Norte)?

Como é próprio da política contemporânea da Nigéria, a oposição à dicotomia Onshore-Offshore foi transformada numa questão Norte-Sul e não numa questão nacional. Por natureza, a dicotomia Onshore-Offshore afecta todos os Estados da Federação que não são litorais, quer sejam do Norte ou do Sul. De acordo com a contagem atual, apenas seis dos trinta e seis Estados têm a ganhar com a implementação da dicotomia.

Por mais polémico que isto pareça, é um reflexo infeliz da reviravolta que a política tomou na Nigéria nos últimos anos.

A política Norte-Sul, com uma racionalização míope na maioria dos casos, passou a ser o principal estatuto definidor dos nossos pensamentos e da nossa expressão no processo político. Os políticos e o público em geral parecem estar a olhar para as questões apenas deste ponto de vista, e não de um ponto de vista amplo e racional.

Ao longo dos anos, o sistema pós-dicotómico canalizou centenas de milhares de milhões de nairas para os Estados costeiros que confinam com o mar, nomeadamente Rivers, Bayelsa, Cross River, Akwa Ibom, Delta e Ondo, reduzindo assim as receitas que teriam sido partilhadas entre os 36 Estados.

A resistência à abolição da dicotomia na sequência da aprovação do projeto de lei pela Assembleia Nacional e a subsequente politização da questão pelos Estados litorais e não litorais assumiram uma dimensão perigosa. A suspeita, a desconfiança, a amargura, a falta de harmonia e a rivalidade doentia entre as partes interessadas assustaram e alarmaram a Presidência.

O Governo Federal teve de advertir contra qualquer tentativa de reabrir o debate sobre a dicotomia Onshore-Offshore no cálculo da derivação das receitas do petróleo a pagar aos Estados do litoral, o que poderia causar descontentamento na política. O descontentamento já se tinha instalado devido à forma como a dicotomia foi racionalizada.

Foi a insistência dos Governadores dos Estados Costeiros num maior controlo dos recursos provenientes dos seus Estados - [outra forma de exigir mais dinheiro da Conta da Federação] e na implementação adequada da disposição do artigo 162(2) da Constituição de 1999 que levou o Procurador-Geral da Federação a apresentar a suite em causa no Supremo Tribunal.

O acórdão do Supremo Tribunal neste processo pronunciou-se sobre uma série de questões.[84] O aspeto do acórdão que está em disputa é a questão dos limites territoriais meridionais ou marítimos dos oito Estados litorais da Nigéria, nomeadamente os Estados de Akwa Ibom, Bayelsa, Cross River, Delta, Lagos, Abia, Ondo e Rivers. A determinação da questão tornou-se necessária para efeitos de cálculo do montante das receitas que revertem para a conta da Federação diretamente de quaisquer recursos naturais provenientes de um Estado, nos termos do artigo 162.o, n.o 2, da Constituição de 1999.

O Procurador-Geral da Federação, em representação do Governo Federal (o queixoso), no processo contra os Procuradores-Gerais dos trinta e seis Estados (os arguidos), alegou que a fronteira sul dos Estados litorais é a linha de baixa-mar da costa de cada um desses Estados.

Os Estados litorais, por seu lado, alegaram que o território de cada Estado litorâneo se estendia ao largo da costa, até à plataforma continental e mesmo para além dela. Para fundamentar a sua alegação, os Estados invocaram, inter alia, a secção 4a(6) (tal como alterada) do Cap 16, que, na sua essência, é semelhante às disposições revogadas da secção 134(6) da Constituição de 1960 (e repetidas na secção 140(6) da Constituição de 1963), e na secção 1(1) da Offshore Oil Revenues (Registration of Grants) Act Cap 336 como prova do reconhecimento ou aceitação pelo Governo Federal de que a plataforma continental faz parte do Estado litoral ao qual é contígua, pelo menos para efeitos de atribuição de fundos da Conta da Federação com base na derivação de recursos. A propósito, a secção 1(1) do cap. 336, por assim dizer, admite que os instrumentos e documentos registáveis através dos quais o Governo Federal concede concessões que abrangem interesses em áreas offshore (por exemplo, licenças de prospeção de petróleo, arrendamento de minas de petróleo, licenças de oleodutos, etc.) devem ser registados no Registo Predial do Estado ao qual essa área offshore é contígua. O queixoso baseou o seu caso nos poderes constitucionais do Governo Federal como a única autoridade na Nigéria com poderes para legislar sobre assuntos externos, os seus poderes soberanos como Estado-Nação reconhecidos pelo direito internacional, a UNCLOS de 1982 e as Convenções de Genebra sobre o Mar Territorial e a Zona Contígua de 1958.

O Supremo Tribunal considerou que a fronteira sul de cada um dos Estados litorais (exceto o Estado

---

84 Procurador-Geral do Estado de Abia e 35 outros contra Procurador-Geral da Federação, op. cit.

de Cross River) termina na linha de baixa-mar ao longo da costa. Foi também decidido, no que respeita à fronteira do Estado de Cross River, que tem um arquipélago de ilhas que constituem parte do Estado, que é o limite marítimo das águas interiores do Estado.

Reproduzem-se de seguida algumas partes do relatório da decisão do Supremo Tribunal sobre este aspeto do processo. Ogundare, JSC proferiu o acórdão principal:

1.   Relativamente à questão da "conotação de Estado" no âmbito do direito internacional: foi considerado que um "Estado costeiro", nos termos da CNUDM de 1982, significa Estado-nação e não os Estados internos de um país, como os Estados litorais da Nigéria. Numa Federação, aplica-se aos Estados Federados que a compõem. Isto é necessariamente assim porque o direito internacional se aplica a países que são membros da comunidade das Nações (ver páginas 728-729, parágrafos H-C do citado Relatório Jurídico)

2.   Sobre a questão de **"o que constitui as fronteiras meridionais ou marítimas de um Estado litoral"**, considerou-se que, uma vez que os oito Estados litorais de Akwa Ibom, Bayelsa, Cross River, Delta, Lagos, Abia, Ondo e Rivers foram retirados das antigas regiões ocidental, centro-oeste e oriental e constituem as zonas costeiras dessas regiões, as fronteiras meridionais de todos estes Estados litorais devem ser as fronteiras meridionais das regiões ocidental e oriental, tal como definidas na proclamação L.N. 126 de 1954, ou seja, *"o mar", que é o oceano Atlântico, e que é contíguo às fronteiras meridionais do Protetorado da Nigéria (Order-in-Council, 1922) e de Lagos, tal como definido na Colónia da Nigéria (Limites) (Order-in-Council, 1913).*[85]

3.   Sobre o que constitui a fronteira meridional ou marítima de um Estado litoral, secção 162(2) da Constituição de 1999: Considerou que a fronteira marítima de um Estado litoral na República Federal da Nigéria, para efeitos de cálculo do montante das receitas que revertem para a conta da Federação diretamente a partir de quaisquer recursos naturais, provenientes do Estado, nos termos do artigo 162.º, n.º 2, da Constituição da República Federal da Nigéria de 1999, é a linha de baixa-mar da sua superfície terrestre ou (se o caso assim o exigir, como no Estado de Cross River, com um arquipélago de ilhas) os limites marítimos das águas interiores do Estado.[86]

---

85 *(por Ogundare, JSC nas páginas B-P do Relatório Jurídico)*
77 *Ver página 660, parágrafos F-G do Relatório Jurídico.*

CAPÍTULO 7

7.1 OS DESAFIOS INERENTES À APLICAÇÃO DA DICOTOMIA NA REPARTIÇÃO DAS RECEITAS.

Para já, parece que não há qualquer contestação à **aplicação** da dicotomia petróleo onshore/offshore. O acórdão do Supremo Tribunal resolveu a questão jurídica em causa. No entanto, isto não significa que o conceito seja perfeito e isento de controvérsia.

Os Estados sem litoral consideraram a abolição da dicotomia como uma forma de favorecer economicamente os Estados produtores de petróleo. Os Estados produtores de petróleo já beneficiam de treze por cento das receitas petrolíferas em terra, o que não acontece com os Estados sem litoral. Este facto é compreensível e tolerado devido à poluição ambiental nesses Estados. No entanto, quando as receitas do petróleo offshore são adicionadas ao cálculo, tornam-se suspeitas para outros Estados que não fazem parte do cálculo. A razão é que os Estados produtores de petróleo beneficiam de outras vantagens, tais como

1. [A criação do Ministério dos Assuntos do Delta do Níger, que é o único responsável pela administração da região, incluindo tanto a superestrutura como o desenvolvimento de infra-estruturas.

[b] Criação da Comissão de Desenvolvimento do Delta do Níger (CDND), uma entidade para-estatal com orçamento próprio, separada do Ministério. A entidade para-estatal é responsável pelo desenvolvimento de infra-estruturas, pela limpeza ambiental, pela prestação de serviços sociais e pela capacitação económica dos indivíduos nessas áreas.

[c] Regime de amnistia presidencial. Este regime visa a capacitação dos jovens através da aquisição de competências e da formação no estrangeiro. O regime também concede um subsídio mensal aos jovens e às mulheres empresários.

[d] Responsabilidade social das empresas petrolíferas estatais e das empresas petrolíferas multinacionais estrangeiras. Construção de escolas, clínicas, câmaras municipais, fornecimento de acessórios informáticos e outras instalações para essas zonas.

[e] Intervenção direta do governo em matéria de financiamento ecológico, catástrofes de inundações e questões de saúde.

Todos estes factores [a] - [d] não são usufruídos pelos Estados sem litoral.

1 O segundo desafio tem a ver com a Lei [de Abrogação] onshore/offshore. Por exemplo, a lei cria uma nova divisão de demarcação a partir da marca de baixa-mar da superfície terrestre do mar até ao limite das águas interiores.

2	[b] O contorno do mapa nigeriano que mostra os poços e campos petrolíferos ao largo, com as isóbatas de 200 metros de profundidade, a plataforma continental e a zona contígua [24 milhas náuticas], deveria ter constituído a base da demarcação.

3	[c] O governo federal devia ter criado um meio de sensibilização para o significado das isóbatas de 200 metros de água. Se as comunidades devem beneficiar das receitas do petróleo encontrado abaixo das isóbatas de água de 200 metros, o que acontece quando o petróleo é encontrado acima das isóbatas de água de 200 metros? Isto significa claramente que os Estados costeiros não têm direito às receitas da descoberta.

[c]	Quem determina as isóbatas de água de 200 metros para efeitos de partilha de receitas? É difícil de medir em função da topografia física da zona.

[d]	Existe a possibilidade de o governo decidir não partilhar as receitas provenientes do petróleo offshore se argumentar que o petróleo é produzido acima das isóbatas de água de 200 metros e que será difícil contestar o governo na sua reivindicação.

[e]	Há também a possibilidade de o governo pagar menos receitas aos Estados costeiros se argumentar que não é descoberto muito petróleo para além das isóbatas de água de 200 metros.

CONCLUSÃO

A lei relativa à repartição das receitas [abolição da dicotomia na aplicação dos princípios de derivação] deve ser objeto de um exame mais aprofundado, a fim de eliminar as ambiguidades que lhe são inerentes.

A determinação das isóbatas de 200 metros de profundidade de água para efeitos de derivação de receitas deve ser claramente identificada. Por exemplo, quem determina as isóbatas de 200 metros de profundidade deve ser identificado e declarado. Em segundo lugar, o que acontece quando o petróleo é descoberto antes e abaixo das isóbatas de 200 metros de profundidade também deve ser claramente indicado para evitar que os Estados costeiros presumam que qualquer petróleo produzido é automaticamente produzido abaixo das isóbatas de 200 metros de profundidade. O governo federal deve evitar inclinar-se para um dos lados ao satisfazer as exigências dos Estados costeiros, apesar das numerosas estruturas criadas para complementar a preocupação do governo com o seu ambiente, como o NDDC, os programas de amnistia e a intervenção financeira ocasional do governo.

Por último, o governo federal deve, no interesse da boa governação, da equidade, da justiça e do jogo limpo, submeter à legislatura as áreas da tão necessária alteração da lei.

yes
I want morebooks!

Buy your books fast and straightforward online - at one of world's fastest growing online book stores! Environmentally sound due to Print-on-Demand technologies.

Buy your books online at
www.morebooks.shop

Compre os seus livros mais rápido e diretamente na internet, em uma das livrarias on-line com o maior crescimento no mundo! Produção que protege o meio ambiente através das tecnologias de impressão sob demanda.

Compre os seus livros on-line em
www.morebooks.shop

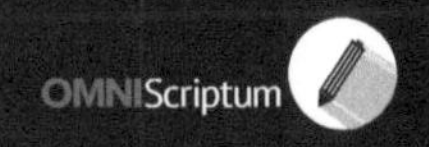

Printed by Books on Demand GmbH, Norderstedt / Germany